心向美好 慢慢修行

马德 / 著
Ma De works

九州出版社
JIUZHOUPRESS

图书在版编目（CIP）数据

心向美好　慢慢修行 / 马德著. --北京：九州出版社，2018.1（2018.4重印）

ISBN 978-7-5108-6669-2

Ⅰ. ①心… Ⅱ. ①马… Ⅲ. ①散文集－中国－当代 Ⅳ. ①I267

中国版本图书馆CIP数据核字（2018）第034119号

心向美好　慢慢修行

作　　者　马德　著
出版发行　九州出版社
地　　址　北京市西城区阜外大街甲35号（100037）
发行电话　（010）68992190/3/5/6
网　　址　www.jiuzhoupress.com
电子信箱　jiuzhou@jiuzhoupress.com
印　　刷　天津市豪迈印务有限公司
开　　本　700毫米×970毫米　32开
印　　张　8.5
字　　数　162千字
版　　次　2018年4月第1版
印　　次　2018年4月第2次印刷
书　　号　ISBN 978-7-5108-6669-2
定　　价　42.00元

目录

最好的生活

第一辑

人间最好的修行

第二辑

灵魂带灯

第三辑

第四辑

让生活多一种可能

山河故人

第五辑

最好的生活

第一辑

最好的生活

最好三餐就简，这样，偶尔饕餮一顿，吃起来才格外香甜。最好衣着朴素，这样，才会对柜子里那件华服格外珍惜。人若没有哪样饭是想吃的，没有哪件衣服是十分珍爱的，基本上也就完了。把日子过到腻歪的最大坏处是，对身边的人也会厌烦。

最好是能早起。看看夏天早晨三四点路上的行人，看看冬日五六点挂在西天的朗月。可以到公园散步，可以爬爬近处的矮山，也可以临清流而呆坐。最好选择空气好的地方，富氧的地方让人心境开阔，容易看得开世事人心。什么是幸福？心情好就是幸福。

最好手头有一部喜欢的书，身边有一把能偎进去微胖身材的藤椅，然后有一杯龙井在手，读几页也好，读几行也罢，甚至大段时间眺望远山也都是好的。心闲就是大自在。

最好能有一些爱好。有爱好的人，才显得有意思有趣味。读书，看球赛，拉小提琴，听音乐会，唱戏，烹饪，侍弄花草都很不错，下棋也好，赌博就没意思了。“吃喝嫖赌抽”除了“吃”还能说过去，其他的，就都算了——没有高级趣味，至少也不能有低级趣味。一个没有爱好的人，无聊的时候，会愈发显得无聊。忙的时候，爱好是生命的一种补充。退休了，爱好就是生命的全部。

最好是能有几个知己。但再好的知己，也要善待。不要你心里想什么，就要对方为你做到什么。毕竟他们是别人，不是你，不可能时时处处都与你相合。最好是学会体谅，这样才能长久地留住朋友。与人交不是买东西，不要以为下一个是最好的。实践证明，你错过的，往往是最合适的。

话少比话多好。话多了，会让人烦，也会失去别人的尊重。再激愤，也不要说过头话。过头话容易伤人，也容易贻人口实。话在出口的时候，最好先在脑子里过一遍，晚一分钟说出口，也许比早一分钟说出口听起来更稳妥。说话难听会被人记住，说话好听也会被人记住。也就是说，你的狰狞和柔和，会留在别人心底。

最好是在相宜的季节，遇上相宜的人。最好是猝不及防，对方的降临带着几分天意。最好见面有林黛玉贾宝玉的隔世相认感，然后举杯狂欢，喝到相拥而醉。人生有此一遇，也算不白来一遭。

最好身边有懂得欣赏和感恩的人。他们未必坐在路边为你鼓掌，但肯定不会等着看你的笑话。善良分好多个级别，不恶就是小善。一个完整的世界，恶是必然的组成部分。所以，苛求消尽恶是没有意义的。等到自我生命变得强大后，没有了畏惧，事实上在你的心底，也就没了恶。

最好的忆旧，是躺在老家的土炕上，与老父母，与姐弟，历数往事。直说到笑几声，哭几声，到夜半，到鸡鸣，然后，一人提议，赶紧睡个觉，不然天就亮了。然后，呼噜声四起。你觉得，连呼噜声也这么亲。

不会阿谀奉承，最好不要入名利场。控制不了欲望，最好不要拥有太多的金钱。人有时候痛苦，不是得到了太多，而是拥有了自己降服不了的。没入名利场之前，你自由快乐，过着清淡的日子，家庭和睦而融洽，对于人生来说，这已经够了。问题是，够的时候，能知止的人天底下没有几个。

跟好玩儿的人在一起

好玩儿的人最大的特点是，在一起时相处舒服，走开后各自轻松。

找到一个好玩儿的人，未必是在庄重中找到诙谐，或者是在呆板中看见活泼，而是在一个整天需要掩饰的世界里，你在他面前可以城门四开，无拘无束。好处就在这里，你不用端着自己了，也不用防着谁了，仿佛一下子回到了从前，找到失散多年的那份自在和自得。

一个我遇上了另一个我。好玩儿的人，其实就是那个你愿意以灵魂相对的人。

跟不好玩儿的人在一起，最大的特点是无聊。首先是一种无意义的荒芜感，然后是一种渴望突围的痛苦感。在前一种感受里，哪怕你了无价值，在他面前，也觉得白瞎了你这个人；

在后一种感受里，你渴望急速逃离，因为你觉得待得越久，要么人会崩溃，要么人生要崩盘。

更不好玩儿的人，给你的是一种压迫感。这样的人，总体是居高临下的，或是权势上居高临下，或是道德上居高临下。这种情况下，好玩儿是不可能了，能玩儿就不错了。生活的残酷就在于，明明是不好玩儿的人，你还得玩儿在一起。更为残酷的是，玩在一起不说，还要玩儿很久。说到底，跟不好玩儿的人在一起，简直就是一种煎熬和折磨。

好玩儿的人，精神上是丰富的。他以他的丰富慰藉了你的单调，或者以他的丰富，对应了你的丰富。你精神愉悦，是因为找到了一种互补，或者是得到了一种呼应。

精神丰富，才会带来生活情趣，才会活出人生滋味。人终其一生，是在寻找精神丰富的另一个人，进而唤醒自我的丰富。

跟好玩儿的人在一起，最终是为了找到好玩儿的自己。活得迷茫的人，没有找到那个人，也没有发现自己。孤独的人，一定是先找到了自己，却始终找不到与灵魂匹配的另一个人。所以，孤独比迷茫深刻，也更深重。深刻，是走在了别人的前面；深重，是踽踽独行，一个人甘苦备尝。

知己，就不用说了，一定是与灵魂相契合的那个人。那普通的朋友呢？如果有一瓶好酒要饮，有一树好梅要看，有一座灵山要访，有一处宝刹要拜，你第一个想起的人，也一定是好玩儿的人。因为脾性相投，才在内心为他存留位置。

一个人，总是要在内心里给最喜欢的人，留下最好的位置。没有人可以插队，可以看到灵魂的一点儿洁癖。没有人可以随意排在前面，可以看到灵魂的一点挑剔。你是一个好人，同时还是一个好玩儿的人，就一定会长驻在那个最好的位置上。以此解释了，一个人的好，不是属于哪一个人的，而是属于全人类。

总是在相处的舒适感那里，找到最契合的人。或者，你愿意为对方降低自己，去契合他的所有。当一个人心甘情愿地为另一个人纡尊降贵，低到尘埃里，这不是谁对谁的臣服，而是好和好玩儿，对这个世界的征服。

在异性的层面，觉得对方好玩儿，喜欢就产生了。然后，有意无意地去接近，爱就产生了。

婚姻是一辈子的事，把自己交给一个好玩儿的人，比交给一个好的家庭有意义。因为富贵不能产生情趣，有意味的日子，是跟厮守着的那个人过出来的。

当然了，你既能遇到一个好玩儿的人，而这个好玩儿的人还生在一个好家庭，这差不多是一种命运了。因为，能把一辈子的幸运抓到手的人，必然沐受了命运的厚待。

人生的所有，外面的人是看不进来的，甘苦只能自知。与其这样，不如找一个好玩儿的人，与自己一起同甘共苦。何须外人看什么，一起玩儿到最好的人，眼里根本不会有外人，全世界，只有他们自己。

修行，

最终完成的是自我修复和抵达。

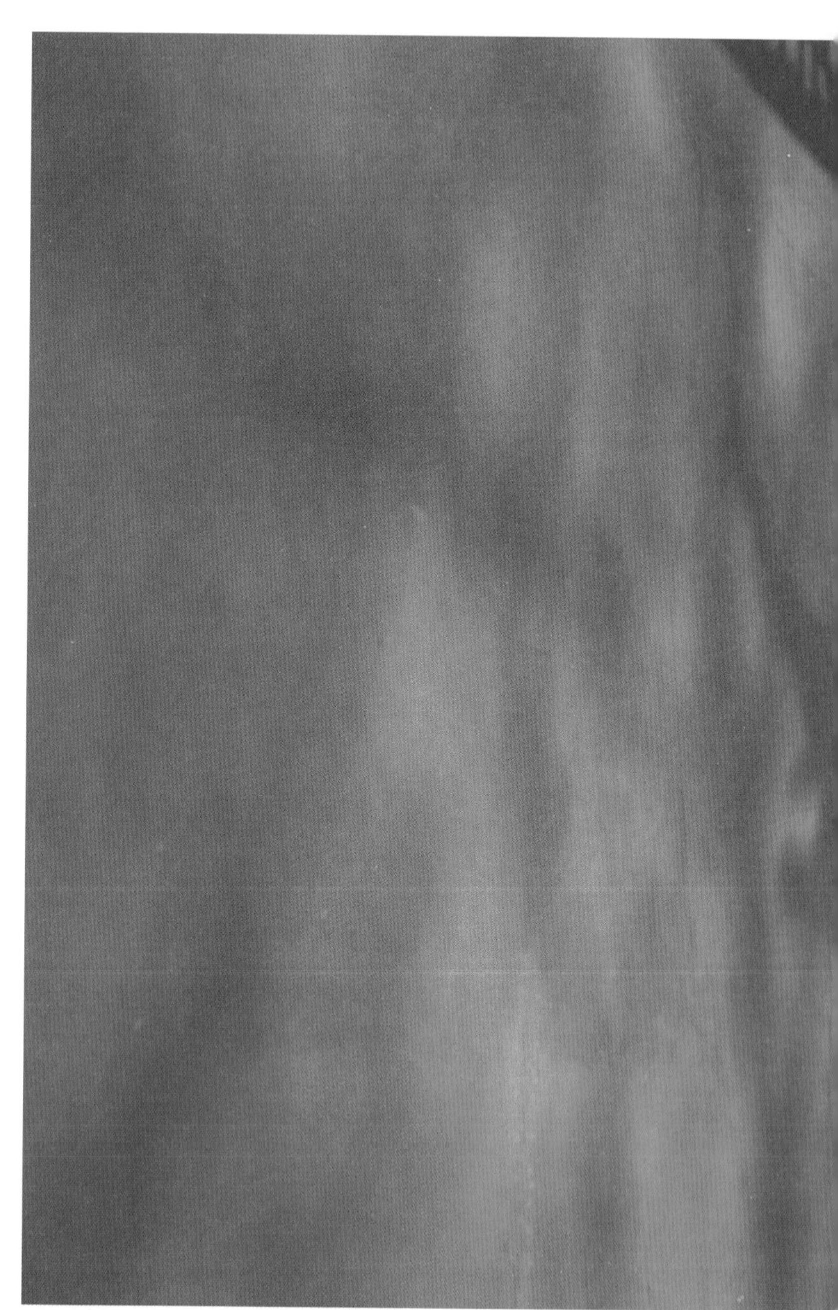

朝天宫

命好的人，是那些扔掉更多的人

一个人比别人活得焦虑，一定是比别人活得更在意。在意得多了，超出来的部分，就成了心灵的重荷。

心底阔大的人，可以活到优哉游哉。因为从来不想事，所以心头始终不多事。同样是活在这个世界上，你心头千事万事，而别人不余一事，这差不多就是命运的区别了。

这句话的另一种表达是：所谓命好的人，其实是那些能扔掉更多的人。

俗话说，人无远虑必有近忧。焦虑的人，是既有远虑更有近忧。原本是为了跳脱，到头来却是更深的沉陷。本想未雨绸缪活到轻松，却愈发难以自在。该琢磨的不该琢磨的，一股脑儿地来了，既怕得罪别人，又担心损失了自己，犹疑惊惧，到最后，变得越来越胆小懦弱。

这样的人，其实就是在心底，一千遍一万遍左右手互搏。在时间上，用今天来透支明天，日复一日，耗减折磨自己。

消解焦虑，距离或许是一个办法。一次远足，隔着千里万里，你自会放下许多事。当然了，有的人放逐得更彻底，或隐居山林，或遁入古刹，以求得一辈子的清净。

生活不会单独给谁格外的恩宠，有点焦虑其实也没什么。有些雪要下，就让它铺天盖地地下，有些风要来，就让它痛痛快快地来。你所要做的是，信心满满地坐在露台上，等到风停雪化的那一天。因为，有时候，内心强大，比生活给予自己多少还重要。毕竟活出一股子英雄主义情怀来，走来哪里都显得刚强威武。

不得不说，焦虑的人有着一种莫名其妙的才情。

试想，谁能把明天的事一桩桩一件件天马行空地铺摆开，然后还要勾勒出其中的阴谋、埋伏、凶险，进而做出各种详尽而周密的应付策略。问题是，这样的思虑多了久了，千头万绪，就会自乱阵脚。最后，时时事事左右摇摆，进退失据。

具备这种才情的人，凭恃的是强大的想象力。正是这强大的想象力，丰富了自己，也戕害了自己。

焦虑的人是可怜的，因为他们看得开却挣脱不开。焦虑的人是可悲的，因为他们办法很多却又怕得太多——就是这么矛盾，是西西弗斯，却在大战风车。

当人的精神天地一片泥淖的时候，生活只会过得一地鸡毛。

焦虑的人，会把满腹心思写在脸上。相由心生，这时候的人委顿退缩，冠盖满京华，斯人独憔悴。生活还未劈头盖脸打过来，焦虑先坏了气质。这样的生活和日子，最是无足观。

所以，要活得糊涂一点儿。有时候，众人皆醉我独醒，独醒就会遭逢得多也煎熬得多。其实，明天或许并没有事来，来了也或许并没有想象得那么复杂，自己把自己推到泥坑里，也就怨不得谁了。

一个人人都焦虑的社会，个体的焦虑就容易被放大。相反，一个集体少焦虑的社会，个人的焦虑就像滴水于沙，很快消散得无影无踪。

这么说的意思是，人人焦虑就意味着个个自危。自己慌乱时，看到别人也慌乱，心里便愈发地没底了。每个人都有一个厚壳子，刀枪不入，与每个人都像只刺猬浑身带刺，见谁扎谁，其实都是极度焦虑的体现。

尽管说有些焦虑是天生的，比如杞人忧天。但我更相信，一个信守公序良俗的社会，比钱权独大的社会更让人有底气。一个讲诚信的世界，比谎话连篇的世界更让人有信心。

人心无尘，人世才无尘

人最有意思的地方，就是可以对不同的人，生出分别心。这是人的聪明之处，也是人性的奸诈之处。

人在天性里，会自然地对他人产生一个等级划分。这是人的世俗性，也是人的功利性。在这样的划分中，你会发现人与生俱来对上卑怯和对下居高临下。

那就意味着，他自己也会有个等级。人对自我等级的体认，只能说明，这种分别心的顽固和与生俱来。

分别心本质上是世俗心。一个世俗的人，必然要站在世俗的台阶上，打量这个世界。

世俗的分别心赋予了他们计算和算计的能力。谁的钱多，谁的地位高，谁的名望大，然后付之以热情，给予逢迎，拿对方当回事。

世俗心，淹没了人的纯洁度，也降低了人类的海拔高度。

谁都希望别人对自己能一视同仁。但到了自己这里，却总有一颗优于别人的心。从我应该跟别人一样，到我应该跟别人不一样，其实还是自私的心在作祟。

也就是说，别人对我必须公平，至于我对别人，就可以随便了。

于是，这个世界，可以看到被偏袒了的尊崇和仰望，也可以看到偏激的反感以及鄙弃。

一颗平等的心，其实不分尊贵卑贱，不分有用没用，不分亲疏冷热。平等来自信仰，而绝非情绪化。

在一个贫富不均的社会里，必然会生出分别心。在一个差别极端化的社会里，如果人人信仰钱权，必然会生出许多极端化的心。因为极端尊崇钱权，也便极端仇视钱权。

社会，往往比教化的力量要大。教化是那么温情，社会是那么露骨。教化还在绵远悠长，社会早已一刀见血。

所以，社会必须是教化的实践所。社会与教化一致，教化才会有信心和力量。

这也说明，我们既需要一个调治到平和的社会，也需要一个教化到光明的自己。

人终其一生，
是在寻找精神丰富的另一个人，
进而唤醒自我的丰富。

有些公平是难以实现的，如果正义的力量没有抵达的话。

有些平等是难以兑现的，如果良知的钟声没有被时时敲响。

歧视会无时无刻不存在，就像这个世界无时无刻不在蒙尘。

人心无尘，人世才无尘。澄澈的世界，必然来自无数澄澈的心。

一个人，眼中有无数个他人，并不能说明其深刻，只能说明其复杂。

简单的人，看谁都是简单的。他想不了那么多，是因为他心地单纯，觉得本来就没有那么多。复杂的人看到的世界，不是客观呈现出来的，而是主观忖度出来的。他们觉得世事纷乱，人心叵测，实则是自己心机重重，帘幕无重数。

人的分别心，来自于世界观和价值观，也来自情感和情绪。前者可以看到人理性的部分，后者可以看到人感性的部分。当感性超越理性的时候，所做出的选择，往往最炽烈，也往往最极端，要么喜欢得过了头，要么厌恶得过了头。

于是，因为喜欢，看到磊落，看到刚直，看到气冲霄汉，一切皆美。因为腻歪，看到懦弱，看到猥琐，看到小肚鸡肠，种种没出息。分别心，是从自我出发的一条河，温柔可给你，咆哮也可给你。

要的就是一个自在

古人追求隐居生活，闲云野鹤，要的就是一个自在。

深山茅屋，桌上粗茶，屋外有竹有菊，然后是一琴一箫，然后是漫卷诗书。从地理坐标到心灵坐标，入世亦是出世。

这种自在，是一个人的自由。头顶是诗书的光辉，心底有先圣的丘壑，以去世俗化来自我边缘化。他们远离喧嚣，就是希望与这个世界格格不入。

事实上，如果头顶上没有信仰和道德的星光照耀，人是很难听命于谁，或臣服于什么的。

这不是不服谁的问题，而是谁也不愿意服。

本质上，人都喜欢绝对的自由。我不去管谁，最好谁也别管着我。看起来，这是在追求自由，其实是在实现自我。

以我为尊的人，必然会以邻为壑。

这样的人，标榜自由，实则自私。自私，是自由的大敌。狭隘，并不会让一个人获得完全意义上的解脱。

真理之下，也会有乌合之众。

他们的最大特点，不是谁对就听谁的，而是谁有用才听谁的，谁管着自己才听谁的。

实际上，他们并不在乎对与错。他们笃信，有用就是对，有权就是真理。

这是一群无是无非的人。他们极好管，又极难管，极爱说理，又极不说理，会一拥而上，也会一哄而散，容易脑袋发热，更懂得明哲保身。

他们兢兢业业，也浑浑噩噩，活到了平庸，却觉不出自我的昏庸。他们渴求诗和远方，但诗在远方，远方还在远方——千里万里，不过是风景地，而非心灵的原乡。

也许每个人都是乌合之众。狮子在自由的版图上奔跑，多少人，都是风雪中的羔羊。

必须看到这样的博大和宽广：有的人，自己这里惠风和畅，也希望别人沐浴在煦暖的春光里。他们遵从规则、制度和法令，是一种内心的规范。他们约束自我，是希望惠及他人，而不是扰及他人。

真正的自由，是让彼此舒服，是让每一个生命互相尊重，并获得各自的尊严感。

爱自由的人，从自我出发走向无我。因此，他是反功利主义的。这样的人，除了有良知，还有一颗热爱世界的心。

从这个意义上讲，看热闹的人，冷眼旁观者，不会是爱自由的人。他们要自由，不过是希望自己这里自在，并且他人不影响到自己的自在。

每个人都可以是别人的老师，只是因为，谁都喜欢居高临下。

道德，是一块最容易站得上去的高地。在这块高地上，你可以跟着别人一起指手画脚。指责别人，不是因为自己做得好，而是总看不惯别人做不好。

其实，以道德绑架人本身，一点儿也不道德。

不能深切地理解别人，就一定不能深刻地省视自己。所以，理解不了别人的时候，也要原谅别人不理解你。人世的好多事都是这样的，你拿出冷漠，收到的是对等的冷漠，你拿出宽恕，得到的是双倍的宽恕。

自由不是想干什么就干什么。批评的自由，有时候只会让别人不自由。何不走向另一种境地：不去批评，给彼此自由。约束自己，自会激越出庄重感，而放开别人，必将回荡着清正的力量。

不为人师没有那么难，谙透人世的艰辛和不易，就会心生许多敬畏。

自由不是想去哪儿就去哪儿，而是每条路于你都是畅通的，每扇门于你都是敞开的。岁月翻遍，册页写满公平和正义。

然后，你珍惜这一切，却从不僭越。

有自由的世界，还得有无数秉持自由精神的人。

他们深深懂得：想拥有光明的世界，必须要先从自己这一角亮起。也许会看到黑暗，会触碰到肮脏和丑恶，但依旧心怀热烈。

然后，知行合一，始终不渝。

要有在世俗而超脱于世俗的心

“结庐在人境，而无车马喧”的关键是：心远。

陶渊明告诉我们，心远了，地自然会偏，用不着你千里万里。

老陶的意思是，要有一颗在世俗而超脱世俗的心。青灯古刹，倒是能远避尘世，但喧嚣还会生自内心。也唯有一念不起，才可念念不起。这时候，即便身在闹市朝堂，也能淡然清寂。

也因此，特别喜欢杜甫的“城中十万户，此地两三家”。这种超脱，必然浸润着人生的智慧。

他晚年寓居杜甫草堂，颠沛流离，按世俗的标准，足够落魄了吧。你看他闲坐水槛边，一会儿见“细雨鱼儿出”，一会儿见“微风燕子斜”，唯荡涤了心中苦痛和忧愁的人，才会盛下如此景致，才能生发“城中十万户，此地两三家”之深刻体悟。活到如此境地，老杜要的很简单：就让城中十万户兀自喧

有时候，内心强大，比生活给予自己多少还重要。

闹去吧，我有此地两三家的清寂足矣。

什么是超脱呢？超脱必然是灵魂的去世俗化，必然是精神世界慢于那个时代，必然是功名欲望落后于他人，必然是人生的真正趣味。

最后，清淡到刚猛：去他娘的，我什么都不要了！

我们似乎天然有着防御的性格，深宅，高墙，大院。在个人的天地里，既要宽绰，又要封闭，宽绰炫耀丰裕，封闭展示安全。这还没完，在自我安定的基础上，最好还能俯瞰四邻，便是完美。

这样既护住自己，又可看见别人。

然而，就是在这个向外的维度上，便呈现出另一种性格。这种性格里，包含着人性截然不同的两个方向：崇高与猥琐，温暖和寒凉。也就是说，所谓看见，一种是见不得别人有痛，一种是要看到别人在痛。前者以心疼照见人世厚道，后者以阴暗照见人性无聊。

从别人的痛苦里获得快感。这样的无聊，等同于无耻。人越沉于世俗，越流于恶俗，越恶俗，越恶心。这时候，内心有序，就显得十分重要了。所谓有序，是指人性会止于当止，少扭曲，少荒诞。或者说，在有序的人心那里，人是收敛和克制的，有敬畏，有底线。

好在，在崇高的方向上，可触摸到人性的温暖和光辉。是的，能心怀四邻，满蕴疼惜，在一颗人心的宽广处，见证的不仅是一个人的高尚，而是整个人类的辽阔。

前一刻，会担心着人类的前途。这一刻，又惊心于它的博大和深邃。

伟大人性的能量就在于此：有时，它不会带来文明和希望，却可以超度邪恶和绝望。

最大限度地捂住自己，最大尺度地撕开别人。苛求自己这里滴水不漏，希望别人那里一览无余——这差不多应该算人深掩着的一个罪恶。但必须承认，这也是人性的一部分。多光亮的人，也会有这样一刻的阴暗。

甚至君子也会有皮袍下藏着的“小人”。把君子拉下马，恰恰展示的才是一个完整的君子。或者说，才算呈现了君子完整的真实。纯粹的完美是没有的，有一点儿瑕疵的真实，才鲜活和触手可及。

小人只是站在了君子的对面。批判小人，未必意味着君子就尽善尽美。因为它否定了人性的复杂性。君子坦荡荡，小人长戚戚。从这个意义上讲，君子只是那些人格上有着更高纯度和亮度的人。

对人性不作简单的二元审判，唯有这样，才可以剥去谎言和伪装。也唯有这样，才能看到真理和真诚。

让仰望和鞭挞对等，才能呈现所有内在和外在的调和。

有够

一个人在你危难的时候，想起的全是你的好，必然是良善的人。他这么想的时候，悲悯心正在发生，同时被激发的，还有爱和道义。

这一刻，你看不到星光，但一颗心在璀璨。

如果对方选择绕道而去，甚至连道都不绕，直接视而不见，必然是自私到彻底、冷漠到骨子里的人，这一刻他剥去伪装，呈现出本质的寒冷。至于那些看你笑话，恨不得再踩上一脚的，是这个世界歹毒的人，他们的刻薄和冷酷，源自恶的本性。

亲近第一种人，远离第二种人，最好不要与第三种人有交集。问题是，生活中我们常常被后两种人蒙蔽，又时不时地伤了第一种人的心。遗憾就在这里，我们在最该感恩的地方浮光掠影，在最该交割的地方又纠缠不清。

如果一个人活到最后，连良善的人都说不出他有什么好来，就活得十分失败了。无论他在物质世界得到过多少，都会是人格世界的穷人。穷是什么意思呢？就是天下熙来攘往，却没有一个愿意跟你交心的人。

也因此，在穷人世界做一个“富人”，比在富人世界做“穷人”有意义。当然了，对精致的利己主义者来说，意义是荒谬的，实惠才是一切。

终有一日，时间会为我们揭开一切。然而，好多人早已错过，好多事留下了悔恨。光阴为我们准备好了所有答案，却扔得远远的，让我们穷尽一生去追寻。

有一句话概括得好：活久见。是的，想看到的，不想看到的，都将看见。一辈子的滋味尽在其中：曾经信任和欣赏过的，业已沦陷和颠覆；看不到尽头的折磨和煎熬，渐次湮没和平静。活久见，不是看到了因缘果报，而是看到了烟消云散。——这才是生命意义上的终极胜利。

在彼此的关系上，知道人心是什么样，比明白谁欠谁的更重要。因为，当你看懂了人心，那些该要的也就没有必要要了，那些想生的气也就没必要生了。在对等的人心那里，你拿出多少，就会得到多少；在不对等的人心那里，你拿出多少，就会让自己痛苦多少。

凡是出手时，在心里手里掂量再三的人，即便最后拿出来了，也不会快乐。因为这种纠结和挣扎，会在此后在心底持续和放大。真正的大度，没有这样挣扎的过程，也就不会有计较的未来。

跟痛快的人交往，未必得到的多，但一定拉扯得少。彼此简单，就是最好的坦诚相见。以本真相见的结果是，你最终得到的，是予你以本真的另一个人。

我不认为有些东西得到了就会改变什么。人的改变，恰恰是在没得到的时候，无论是变好，还是变坏。

更何况，得到了，说不清将是痛快还是痛苦。在更长的时光长廊上，有时候放下执念比得到利益，更容易让人收获愉悦。

因为有了更多的钱，家庭分崩离析的人多了去了。因为走上更高的权位，最后掉了脑袋的人多了去了。钱权本身不会害谁，无法驾驭的欲望却可以摧毁一切。

中庸才是大道。中庸的本质不是不追求，而是有够。我理解的有够是，衣食无忧时有够，衣食有忧时也有够。如果用三个字来描摹的话，就是：不下做。

人在欲望满足不了时会生是非，欲望满足了，也会生是非。所谓不下做，就是能很好地控制自己，饿时有骨气，饱时有静气。当然了，收敛住自己是不容易的，这需要匹配的智慧，也需要淡泊的心性。

中庸之道，不是谁都能抵达的。有时候，人已经站在很高的地方了，灵魂却始终逗留在低处。

把生活交给思考，容易产生情趣。

把人生交给思考，容易产生意义。

没什么可争

一个人，活到了一定的岁数，还喜欢与人争锋，活过的那些年月也就白活了。

毕竟，血气方刚是年轻人的事。你的心里可以住着一个孩子，但是你的心理年龄不应该始终是个孩子。

当然了，生活是不会让一个刺儿头孤独的。你有针尖，会为你匹配麦芒。你要论剑，就会在暗处、在前方埋伏下敌意和寒光。

有朝一日，等你回看，争来争去，不过是一场虚妄。哪有那么多胜利和荣耀可言，这一辈子，除了多几个仇人，多几场热闹，不会赢得多少尊重和敬仰。

更何况，赢了，你一个人笑，败了，还会被好多人笑。

笑话别人，也会成为别人的笑话。

与其找一个对手，不如结一个伙伴。与其跟对方拼到你死我活，不如坐在路边为他人鼓掌——你会发现，欣赏永远比争斗轻松。

一个人活到成熟，最好看的气象应该是：没有四面楚歌，只见四方宾朋。

好胜的心性会扭曲形神，会减损气质，会坍圮格局。毕竟，凡事都太在意了，就会流于琐碎，太计较了，就会囿于轻浮。既轻浮又琐碎，一切美，也就无从谈起了。

一个活在争斗中的人，是不会快乐的。因为真正让人疲惫的，不是奔波在了繁忙的生活里，而是挣扎在了烦乱的心境中。

风声鹤唳，永远比不上风烟俱静。

总之，你会失去得更多。不管此前有多少不服气，最后生活都会让你服软。岁月以结局的不靠谱，回应了你曾经的不着调。

每个生命都是独立的个体，要活自己，而不是通过别人活自己。

不与人比，就不会把自己逼到窄憋中去。人在狭窄中，心也就会在狭隘中。不如人时，容易嫉妒；高于他人，又容易骄矜——都是人性中的恶在迸发。

人世间，真正的强大，不是一味逞强，而是懂得适时示弱。有时候，示弱未必弱。若逞强而未强，认㞞就是自找了。

大地万物，天然谦卑。

人的好多迷茫，可以在自然里找到答案。

你看，一株谷子活到秋天，在向镰刀俯首之前，先向岁月低头。在看到收割之前，先自我收敛。它把所有的成熟，藏在这一低眉的温柔里。这温柔，有风雨过后的沉稳，有阅尽沧桑的大度，有惯见成败的深刻。

仿佛在说，有什么可争呢？

活到最后，都得低了头。

这不是谷物的哲学，这是所有生命的哲学。

还是活得舒展一些吧。

舒展就是不别扭，不纠缠，不纠结，不跟自己过不去。

好多时候，别人都把你放开了，也放过了，你还不依不饶。人世间，你早已没了对手，还要自己跟自己厮打到遍体鳞伤。

王小波说，人的一切痛苦，本质上是对自己无能的愤怒。那些不放过自己的人，就是跟自己的无能记仇的人。

人老了，因为看清了自己，也就原谅了自己。所以，正确的仪式是，向自己的过去鞠躬道歉，深沉地说：

那时候，我争强好胜，要得太多，对不起，委屈你了。将来，一定会好好的！

这是向过去的告别，也是对未来的告白。

在别人那里，看到自己的光芒

一般来说，不苟言笑的人，更容易呈现出深沉的力量。

如果这种不苟言笑是始终如一的，深沉就会变得神秘。因为久看不透，故近之必恭肃庄严，尊重也就产生了。

相反，若一天到晚噼里啪啦说个不休，首先消失的是神秘感，继而消失的是庄重感。话痨只会让人变得肤浅，别人觉得你没什么，也就不会把你当成个什么。

在这个世俗的社会里，你不能不说话，也不能多说话。说，是为了告诉世界你在；不说，是为了告诉世界，你的每一句话都很珍贵。前者让人看到力量，后者让人感受到魅力。

片刻的沉默是没有意义的。长久的沉默，又太过喑哑黯淡。合适的话，总是在最需要的时候说出的。合适，就是不突兀不多余不应景；需要，就是听起来贴心可心入心。这时候的人，是一种被肯定被欣赏的状态，格局在里面，趣味也在里面。

“此中有真意，欲辨已忘言”，陶渊明的这句诗放在此刻，再恰当不过。

大明王朝一代牛人海瑞，他最牛的地方就是谁也不怕。曾经在官衙收拾过上司胡宗宪的儿子，另一位上司鄢懋卿惧于他的威名，经过他的治地，选择绕道而行。但这两位上司，谁也没敢把他怎么样。

为什么不敢呢？

海瑞后来骂嘉靖皇帝，气得皇帝把奏章摔在地上，连声喊左右不要让这个上奏章的跑了。左右说，他才不会跑呢，他来的时候就把棺材买好了。到这里，你就明白为何谁也不敢惹海瑞了。是的，一个连皇帝都敢骂的人，说明他的忠直是奔着事去的，既不针对谁，也用不着避开谁。

在荡漾着阿谀和奉承的官场里，鲜有犯上的人。不怕丢乌纱，不惧掉脑袋，敢于硬碰硬，本身就是一种风骨。海瑞以自己的真，打败了人世的假。长官们拿他没办法，不是因为世界多了这么一个人，恰恰是因为少这么一个人。

他的忠直，不遮不掩，始终如一。这样的忠直，奔腾着人格的力量。

内外一致且始终如一的人，现实生活中，会获得格外的

谅解。

内外一致，是说言行一致，心里怎么想的就怎么说怎么做。始终如一，是说对谁都一样，不论尊卑，没有分别心。这时候，高尚会被人信服，憨愚也会被人宽容。譬如，你是个炮筒子，有什么说什么，说到难听处，别人也会想，他就是这么个直性子，没必要跟他计较。

因为你就这样，而且，只会这样。

有一个富人，善良，仁慈，平时爱周济人。有一年，发生了饥荒，家家连锅也揭不开，富人同样濒临破产。然而，大家纷纷解囊，把家里的救命钱拿出来，借给了他。富人感激涕零，你们就不怕我赔完了跑路，还不了你们？众人笑，说，都这么多年了，知道你是个什么样的人，我们不怕。

谎话可以欺人一时，但绵亘的时光，会逐渐剥去伪装，呈送真相。总会有一些人，在素常的日子里不露声色，形同路人，单等在你困顿时候站出来，为你曾经的温暖，而心甘情愿买单。

也就是说，艰难的日子里，你才会在别人那里，看到自己的光芒。

人性是多变的，从这个角度讲，内外统一的人，会显得干净。

时位是会移人的，从这个角度讲，能始终如一的人，就显得透明。

前者抵达的是率真，后者保全了自我的淳朴。抱朴守真的结果是，会赢得别人永久的信赖。这样，你说出什么来，做出什么来，大家也就都认了。人前一面人后一面的人不可靠，贫富两副嘴脸的人不可交。人的计较，源自怀疑。首先是看你不是个东西，然后才在心底里否定你的一切。

说到底，这是一种人格的饱满，润泽而不圆滑，放心而不糟心，一览无余而又一望无际。他人的欣赏和认可，实际上，是对这种开阔的领受和信服。

不要以为生活错待了你

如果生活中有一个人想把你踩在脚下，不要以为生活错待了你。

或许，还有十个人想要把你踩在脚下，只是你的强大让他们没有机会伸出脚来。不要抱怨这个世界弱肉强食，你会逐渐发现，它看起来很残酷，却十分公正。柔弱有时候能被怜悯和疼惜，只是因为人类还有着道德和善良。

你可以仰望道德和善良，但不要仰仗它。这个世界，除了自己强大，什么都靠不住。

所以，回击刁难的最好方法，不是把踩来的脚踹回去。等你强大了，你会发现，所有的脚都失了锐气，没了杀机，它们只会向强者献媚和投降。

这个世界，没有一个可以藏得住的背后。

譬如，对着A，在背后说B的种种不是。你以为A是最知己最贴心的人，是最可信赖的“背后”，密不透风，可以为你藏住这些事。即使A当时什么也没说，但在心里一定会觉得，你既然能在他这里出卖别人，也一定会在别人那里出卖了他。

我们总是在最信任的人那里丢掉了信任。一个人最终不被别人信任，首先是自己这里城门四开，最后才一点一点地，在所有人那里土崩瓦解。

把是非说给别人，别人可以听到；说给风，天地可以听到；说给自己，良心可以听到。是的，没有一个地方，是可以藏得住的。

还是什么也不说了吧。说人是非，也必被人说是非。这个世界，最深的背后，在心里。守住心，守住自己，也就堵住了所有的背后。

放得下，是因为能看得开。

而看得开，要仰仗于两个方面：一要心足够大，一要阅历足够沧桑。其实阅历沧桑了，心也就大了。

概括到一点上，就是心要辽阔。心辽阔了，人生才能辽阔。

放下了，也不是不在乎了，有些东西还要要，有些事情还要坚持。辽阔给予人的意义是，它可以让你看到，执于欲念的疼痛是可以消解的。人生只有可以驰骋的地域大了，前行的方

诗境，
就是与自己、与天地精神相往来。

向才会多。

有时候，所谓的放开，其实就是换一个方向抵达。

每一个人，心中都养着一个强盗。

却是一个窝里反的贼，打家劫舍——打自己的家劫自己的舍，自己折腾自己。觉得这个世界上一群很好玩儿的侠客，都跑到了别人那里，落在富人家有侠肝，落在穷人家有义胆，总之，自己家的这个贼是没法比的。

所有痛苦的人，都是这么想的。

快乐的人，也不是心里没有强盗。快乐的人总是想，这强盗就要走了，而所有的侠客，都在投奔自己的路上。

善良敛起来，就是冷漠。

人世的善良，有点像蜗牛的反应。若是你伸手触了它的软体，它就会迅速缩在壳子里，但还会有探头出来的时候；若是烈日下当空暴晒，它就会始终不出来，乃至死。

可见，善良偶受伤害，也许只是阵痛。但若是整个社会风气已经容不得善良施行，世界就会一片荒凉。

问题是，初始的时候，大家觉得，自己不用拿出善良来，好像也并不需要别人的善良。但最后会发现，所有的人都活在了风口里，自己已经捂不热自己。多暖的房子，多厚的衣物，也会被尘世冷漠的风，凛冽吹彻。

看不见的地方最热闹。

人在看热闹的心理上，更喜欢复杂和隐秘的热闹。若是有好多个版本，就觉得有滋有味。一个热闹，如果简单了，就好比一个曾经极富贵的人突然落魄，门前冷落鞍马稀，没了意思。

生活枯燥，是因为每天可以一眼望到底。人生枯燥，是因为一辈子可以一眼望到底。枯燥的人，就容易无聊，他们太需要一眼看不到底的热闹。在这些人看来，唯有这些热闹，才能凑足人生的趣味。

当一个人自己不丰富的时候，就需要外部的世界来丰富。当正事不能成为风景的时候，无聊的事情就会成为风景。

庸俗是一种病。一件普通的事，会被庸俗的人谣传到热闹，也会被庸俗的人围观出热闹。当然了，这个世界，也应该允许庸俗的人存在，唯如此，才显得纷扰，才显得热闹。

一本正经的世界固然清净，但也单调到苍凉。

人生最美，不过是凭栏看落雪

有一年，月休，接儿子回家。

儿子月考考得不错。车上，热热闹闹地跟妈妈讨论着成绩，以及发生在班里的事情。

多美的雪。我淡淡地说了一句。车窗外，雪无声地下着，四野雅净，素素白白的精灵，从天际一直迤逦到心里。娘儿俩似乎还沉浸在讨论的热闹里，以及对未来的宏大构想中。他们并未听到我的话。

多美的雪啊！我又说了一遍。她不无揶揄地说，你看你，跟儿子谈点学习，雪年年下，有什么重要？

我笑笑。说，人生无论怎么拼搏，怎么奋斗，走到最后，最好的生活，不是居高位，不是拥富贵，也不过是千里万里，此时彼时，倚楼凭栏，看一场落雪。

这看雪也能看出人生的幸福？——依旧是揶揄。

当然了，雪不重要，看雪也不重要。重要的是，看雪时候，那满怀欢喜的情绪，以及这情绪背后，那颗无边宁静的心。

在课上，我讲到人生痛苦的渊薮，释曰：皆因“放不下”。

下课后，一个小女生像一只雀子，蹦蹦跳跳追出来，问我，老师，你放下了吗？

一语惊心！

阳光从走廊宽大的窗户射进来，仿佛刚才我还是一个传经布道普度众生的高僧，瞬间被阳光照彻藏了多年的心底。我尴尬地笑笑，说，孩子，回去吧，你看，这个世界多么平静。

其实，我多想告诉她：这个尘世，只有从容的大地山川，以及从不懂忧伤的云彩和石头，恐怕没有未曾痛过的人吧。不同凡俗的人生，不是快乐得有滋有味，而是痛得有声有色。

一位画家说，如果你喜欢我的画，希望你不要进而去看到我本人，因为，你也许会后悔。

他接着解释说，他年轻时特别喜欢电台的一个主持人，觉得那声音绝对是世界上最美的天籁。于是，他一个人跑到电台，去见了自己仰慕的主持人。然而，他失望了，因为他不敢想，这个世界最动听的声音，竟然是从一个长得粗枝大叶的人喉咙里发出来的。

无论多么美好的人或事，往前走一步，就会香消玉殒。最美的感受，就在隔着远远的距离，将够着却又够不着的好奇里。

柴静专访黄西。这个在美国白宫表演脱口秀而一炮走红的人，说了这样一句话：成功是什么呢？成功，就是从失败走向失败，而始终能保持着热情。

黄西的意思是，热情是成功的永动力。

其实，在我看来，一个人哪怕经历了无数的失败，若还能始终如一地快乐着，就已经收获了最伟大的成功。

电影《失恋33天》中，黄小仙失恋了。这一天晚上，同事王小贱给她打来电话。

按照王小贱的要求，黄小仙走到写字楼的窗户前。这时候她发现，对面楼上从未亮起过的霓虹灯竟然亮了起来。更没想到的是，王小贱居然就站在霓虹灯巨大的钢铁架子下，给她打的电话。

好绚丽的霓虹灯啊！

王小贱说："黄小仙，你失恋的日子里，总是从窗户往外看。我曾经偷偷地站在你站的位置上，往外看过，窗外没什么风景。即便是这个霓虹灯，也从来没有亮起来过。今天，我为你点亮它。有了它，你以后看到的景色会开阔点。"

也许，王小贱想要告诉黄小仙的是：这个世界，除了爱情，其实，还有更多更美的风景。

这风景，如果没人为你点亮，你也要想着自己去点亮。

世俗心，
淹没了人的纯洁度，
也降低了人类的海拔高度。

不欠

人与人交往到最后，不欠，是最好的状态。

不相欠，表明在对方那里不沉陷。无陷，便无扰，既不扰人，也不扰己，这是一种自由度和开合度。聚两欢，散两宽，来也好，去也罢，都可轻轻松松，了无牵挂。

这实在是一种通透而活泼的活法。

透，是看清了本质。通，是以此贯通了过去、现在、未来三时，打通了你、我、他三界，不忧过往，无惧将来，自由自在。

活泼，则不叽叽歪歪，不拉拉扯扯，不依赖，不纠缠，你活你的，我活我的。

活泼的本质，就是内心逍遥，无拘无束。

欠，就没这么坦然了。

因为有亏欠，在对方面前，就要嘴短，就要客气，就要低眉顺眼，就要低三下四，总之一句话，就得装孙子。

也因此，欠，必然会导致自我劫持。人家还没说什么，自己先不好意思了。对方本无深意，自己却会想得太多。

这就是劫持的结果，一个原本很正常的人，开始变得诚惶诚恐，多疑多虑。

交往过密，难免就会陷得太深。

太深的最大特点，是谁欠谁的说不清。或者，换一种表达就是，谁都觉得对方欠自己要更多一点儿。

这样的好处是，好的时候怎么都好，这样的坏处是，玩不到一块儿的时候，一触即崩。

好的时候，觉得自己拿出了全世界。崩了之后，觉得全世界都对不住自己。

此前的赤诚，变成了此后的委屈。

一个始终不欠的人，给人的印象不会坏。

首先，是一个不爱占便宜的人。其次，是一个对自我要求严格的人。然后，是一个性格深处宽厚善良的人。

这样的人，也许会有一些古板。但这种古板，恰恰透露着某种坚守和执着。相处的时间长了，终会赢得别人的赞许和尊重。

因为总有一天，这种人生态度，在他人的心底，会升腾为一种克制的平衡，一种稳重的美感，以及一种严谨的人格力量。

清淡生隽永。不欠，方可厮守日月长。

当然了，你可以让这个世界倒欠你一点儿。

这样，也许会更心安，但也许会更心酸。

因为欠的人总在欠。养肥了别人的自私的，正是你的至诚至善。

收紧你的善良，也不是说你就不善良了，而是善良得更有原则了。无论多好的好，太轻易给出去，一来会显得廉价，二来很难被尊重。除非给了感恩的人，除非对方有一颗为爱流转的心，否则，不欠，也不被欠。

一个人在态度里铿锵，就会在交往中有力量。

第二辑

人间最好的修行

人间最好的修行

每天入眠前，忘掉白日里所遇卑鄙之嘴脸，所触肮脏之灵魂，卸下所有心外之象，是一个人睡前的修行。

第二天，朝暾初升时，发于眼前的，不全是自我之琐碎，还有无穷的远方，以及无穷远方的那些绝望和悲哀，是一个人一辈子的修行。

前者本质上，是通过忘掉别人忘掉自我。后者本质上，是通过牵挂他人唤回自我。前者是在渐次剥离人的兽性，后者是在无限接近人的神性。

人活到这种地步，差不多是人间最美的修行。

一个不能回避的事实是，要好的朋友之间，彼此的亲密往往发生在谁也过得不尽如人意的时候。

或者说，各自的财富、地位以及名声没有发生明显变化的时候，往往最能看得到彼此的坦诚和真挚。世俗层面上的静止，维持了友谊层面最大程度的平衡。

所谓：最穷的哥们儿，最热乎的兄弟。

倘若其中有一个好了，另一个心里就会起微妙的变化。也许会有表面的祝福，但内心会五味杂陈。他未必希望你倒霉，但一定也不乐见你过得比他好。

在最要好的生命个体之间，发生的却是人性之恶。此刻较劲儿，不是担心谁将失去谁，而是在意谁落下了谁。

唯有无关紧要的人之间，利益关系的启动和变化，才不痛不痒。所以，可以相信有兔死狐悲，但弹冠相庆真的很难。

这个世界有超越世俗的友情。但这样的友谊，必然高山流水，伴随着圣人的崇高和旷达。彼此灵魂纯净，生命简单，因为无欲无求，所以心底才无风无浪。

圣人的崇高，必然是稀缺的。这个社会，更多呈现的，是世俗的友谊。这样说的目的，不是要你防着谁，而是要你明白，友谊也不是一成不变的。你需要活在友爱当中，但更需要活好自己。

适当有点愤怒是对的。

当你活成一只绵羊，风平浪静的日子，连你都会忘记自己曾是头狮子。

一味地柔软、温和、谦逊、仁慈，结果是，全世界都认为你是老好人。这种情形下，若你偶尔愤怒一下，别人发现的，不是本质的你，而是变质的你。你赢得的不是震慑，而是震惊，不是畏惧，而是疏远。

——好端端个人，怎么就成这样了！这就是大家的感受。也就是说，你连愤怒的资格也没了，你必须把老好人一直做下去。

这成了你的标签，也成了宿命。

所以，必须适当展示愤怒的力量。这样做的意义，就是让他人明白，你可以是只绵羊，但身上会奔涌着狮子的血液。别人在沐受你的好的同时，始终保持着敬畏：他们感受着你的随和，却从不敢对你随便。

当然了，无节制的愤怒又近乎懦弱。懦弱是内心虚空，无节制的愤怒不过是换一种方式掩盖自我的虚弱。它们的指向是统一的，前者是无能的退缩，后者是无能的咆哮。

一个人真正的美，是刚柔相济而产生的。更何况，愤怒多了，没人拿你当回事，愤怒也就没有了价值。

将一把烂牌玩到风生水起

我相信，一件喜欢的事做久了，这件事会携有你的温度和气息。后来，愈发割舍不下，只是因为耳鬓厮磨，它已成了生命的一部分。

同样，一件讨厌的事经年累月地做，后来你不仅讨厌这件事，还会厌恶你自己。这种厌恶感，其实是内心的一种无力感和荒凉感。想超越而无力，欲逃离而荒凉，捉襟见肘，回天乏术。

一件喜欢的事，沉浸久了，会让人身上生出光亮。有的人越活越鹤发童颜，气质优雅，所有的熠熠生辉，必然来自所钟爱的事业的滋养。同样，一个人形容枯槁，怨气丛生，也必然与长年挣扎苟且，见不到生活的日月天光有关。

不要把一切都归咎于命运。命运管辖的是难以捕捉的机

缘，它只会让你拥有一些或失去一些。而精神天地的丰富，要归于性情，归于灵魂。也就是说，前者只管人生的得到与失去，后者指向的却是生活的丰富与苍白。

一朵小花，在犄角旮旯里，摇曳出属于自己的烂漫。它无视命运的流离，没有叹息，也没有哀伤，无人欣赏也要开出绚烂，是因为它的心底有春天。

我喜欢在这样的喜欢中，看到一个人的随心与率性，不别扭的人格和不钻牛角尖的性情。

在抱怨的人那里，容易有别扭。在总觉得别人欠他五块钱的人那里，容易有一根筋。

推门见山，推窗有风景。在喜欢的人那里徜徉，才会看到自己的豁然开朗。

没有谁可以得到这个世界恰如其分的好。那些心底生出无限喜欢的人，只是能把荣辱浮沉看得很轻，无论什么时候，都觉得生活已然好到恰如其分。

因为他们知道，没有谁生来就可以抓得一把好牌。即便拥有的是一把烂牌，也要把它玩到虎虎生风。运势有时候恰恰这样，谁活得自信满满激情澎湃器宇轩昂，就会往谁那边奔赴得多一点儿。流转到最后，牌势越来越好，性情最终改变了命运。

这样看来，所谓喜欢，就是能从一片阴霾中，拨见日月天光，就是在一片枯燥中，生出盎然情趣。这个世界上，没有那么多喜欢的事，只有懂得去喜欢的人。

将一把烂牌打到喜欢，说明心底本无烂牌。这样的人，他们较真儿的不是一时一刻的生活质量，而是最终的生命质量。因为不想亏待生命，所以看得开，放得下，纠缠得少，不与人争，不与人比，旷达，乐观，一切皆美，也便万般并蓄兼容。

心底生有喜欢的人，也会被别人喜欢。你会发现，这样的人看起来优雅而美。因为接受得多，露出的狰狞便少。因为远离浮躁和喧嚣，呈现的从容恬静就会繁盛。是的，没有谁愿意看到撕扯与纠结，看到分裂与对抗，看到歇斯底里和张牙舞爪。

活到喜欢，其实就是活到了顺其自然。偶然来的也好，必然要来的也罢，笑笑说，没事没事，通通收了。说到底，生活中，喜欢得多的人，能容下的也一定也多。

也因此，才活到了清风朗月，活到了辽阔苍茫，活到了风雨无惧，一脸恬淡，一身儒雅，一怀赤诚，以及一辈子的从容简静。

不怒，不悲，不愤，不怨，喜欢当下，喜欢自己所拥有的生活，是一个人的修行，也是命运的造化。人真正的命运，其实是来自性格内里的，它有多旷远，人生的天地就会有多寥廓。

内心充满光亮／

欧·亨利在他著名的短篇小说《麦琪的礼物》中，写下这样一句话：贫穷的人生是由啜泣、抽噎和微笑组成的，但以抽噎为主。

小说的大意是，圣诞节前夕，女主人公德拉为了给丈夫买礼物，忍痛卖掉了自己的一头秀发，而丈夫吉姆为了给妻子买礼物，忍痛卖掉了祖传的金表。结果，德拉买回来的是一条表链，而吉姆买回来的是梳子。

所有的悲怆就在于，它不笑着成全你也就罢了，还要让你哭着毁灭。

贫穷，会让一个人不自觉地远避喧嚣，但越远离热闹越真切；也会让人不去计较别人说了什么做了什么，但越忽略越寒凉。

只是因为，越贫穷，就会越敏感。人心开始沁骨，世事渐次锋利。

富人一掷千金，天大的事，不费吹灰之力，就可轻捻于指尖。穷人苦苦挣扎，连简单活下去都成了奢望。巨大的反差，有时候让你连拷问社会公平不公平的气力也没了。当一切都没了滋味，一切也就失去了意义。

——这就是全部的沉重！

在最悲惨的日子里，要相信世界的柔软。一者你的内心柔软，没有因为贫穷而生仇恨。二者是他人的柔软，总有人会念及自己的苦难，而心生慈悲。

慈悲不必属于哪种宗教，因为它自身就是宗教——爱的宗教，它是这个世界生生不灭的温暖和希望，也是人世的终极力量。但慈悲不是简单给予。也因此，真正的慈善，不是拿出富人的钱给了穷人，不是劫富济贫，而是让穷人的内心充满光亮。

充满光亮是什么意思呢？那就是，人活在这个世界上，财富可以千差万别，但生命尊严始终平等。

人总是习惯于寻找心理上的某种匹配。

小说《飘》中，斯嘉丽是塔拉庄园的富家小姐，艾希礼是十二橡树庄园的公子哥儿，在斯嘉丽看来，他们俩才是最匹配的婚姻伴侣。所以，当艾希礼意外地宣布要娶另一个女孩梅兰妮时，斯嘉丽无论如何也想不通。因为在她看来，艾希礼应该娶的人是她啊。

这个世界，多少人痛苦，只是因为心底里深埋着两个字：应该。

这笔钱，本应该我得，却进了别人的口袋；这个职位，本应该自己拥有，却被他人巧取豪夺；这份荣誉，按道理无论如何也不会旁落，却最终与己无关。每个人都在应该中找到了自己，却又在每一次失落中迷失了自己。

人要活在自己的心理预期里，这是一种匹配暗示。但生活不总会给自己所预期的，这是一种无果回应。

于绝望处，可以看到痛苦和愤怒，也会看到深执和狭隘。

生活不会按常理出牌，意思是想告诉所有人，这个世界，没有那么多应该。一个人把应该当成一种逻辑，实际上很不应该。

生活原本是不确定的。否则，一来会破坏生活本身的扑朔迷离，二来会否定人自身的狭隘自私。也就是说，人生所有的结果，有的是命运强加的，有的是自己逗惹的。

太阳东升西落，看似每天重复，却在重复中包含着无限可能，甚至还包含着某种神奇。就像《基督山伯爵》中，含冤关在依夫堡地牢里的男主人公唐泰斯，绝望至极的他就要绝食自尽了，突然听到了地底下挖掘的声音，他与一个想越狱的人——神父法利亚相遇了。也正是因为这样的相遇，才让他成了基督山伯爵，才有了后来荡气回肠的复仇。

也许，有人并不情愿接受莅临于自己的种种。但生活不会因为谁的喜恶，而改变了已有的可能。已经到来或尚在路上的事，无所谓对与不对，岁月会以自己的方式，解释其中的必然性和合理性。

以此，让每一个人看到时间的公正、博大与不可抗拒。

这个世界，谁也不欠你的，也不存在应该不应该。有时候，淡然是最好的接受；有时候，臣服是最好的顺遂。

人有两个命

我觉得，人有两个命：始终快乐的命，以及烦恼不断的命。于是，便可见两种人：天大的事也不愁的人，小琐事也会深缠的人。

——人生的轻松在这里，沉重也在这里。

人活一辈子，就这般天壤之别。有的人，一命独大，快快乐乐就过去了。有的人，两命相抵，无痛无痒无怨无恨。而有的人，命沉到底，终成乖戾的命运。

即便这样，我觉得，烦恼仍不会根本上毁坏一个人的生活品质。如果，这个人的内心足够强大的话。当然了，若真的反过来，一根稻草的确会压垮一只骆驼。

圣人高明，不是站在了谁的肩膀上，而是超脱在了岁月的高处。

烦恼，一般来说跟你有什么没关系，跟你没什么却有关

有时候，淡然是最好的接受；

有时候，臣服是最好的顺遂。

系。跟你得到多少没关系，跟你比别人少得多少有关系。

毕竟，人活在自我里，也要活在别人的视线里。

烦恼的普遍性在于，富可敌国的人有烦恼，流浪汉也有烦恼，不穷不富衣食无忧的人还会有烦恼。有时候，解决掉一件烦恼的事，远离一个烦恼的人，看似没有了烦恼。实际上，烦恼只是在某一刻没了附着物。其实烦恼还在，它在烦恼人的心里。

这么说的意思，不是趋于悲观，而是呈现客观。烦恼是一种生活存在，消灭烦恼本身是徒劳的。

这样想也就轻松了，因为大家都一样。这样想也就通达了，因为较真儿无意义。

烦恼和痛苦并没有本质的区别。

一件让人烦恼的事，并不大，纠缠得久了，就成了痛苦。人的更多烦恼，源自自私，没得到的想得到，已拥有的怕失去。人若砍掉一半的自私，烦恼便会只剩下一个零头儿。

在这个零头儿里，如果再减去与人攀比，抵达的必然是内心的清净和宁谧。

烦恼是自身人性的回照。按照这个逻辑，最自私的人应该最痛苦。但生活事实是，这样的人并不痛苦。因为，人到了这一步，人格往往就有了很大的缺陷。

一个有人格缺陷的人，自己不会痛苦，他们只负责让别人痛苦。

与人相比较的痛苦，终究是肤浅的。因为，它体现的是一个人被虚荣打倒的狼狈。最深的痛苦，是灵魂绝望。这时候，周边连人也没了，茕茕孑立，形影相吊。附属于世俗世界的一切都消失了，只剩下了自己。

在北海牧羊的苏武，在残破的南宋颠沛流离的李清照，或许感受的就是这样的痛苦。

其实，人世所有苦痛的路，古人都替我们走过了。几百年，上千年过去，我们需要的，不是重复的能力，而是开悟的能力。

佛度众生，佛也会烦恼。

但度人者必也同时自度。这是爱的力量，也是慈悲的力量。

这种慈悲体现在，心思投注在别人身上多一些的时候，念及自己的就会少一些，看到别人痛苦的时候，自己就会痛苦得少一些。没有幸灾乐祸，只为同病相怜。

所以，解决自身烦恼的一种方法，就是去解决他人的烦恼。拿出温暖的人，必然被回以温暖。对他人施以冷漠的人，必然会被自身的寒冷包围。

只要慈悲心在，每个人都可以是自己的佛。人在向外柔软的时候，也就懂得了向里柔软。想着爱别人的时候，也就学会了心疼自己。

人若爱人，本质上是忘我的。忘我，作为人生境界，是从小我的跳脱。从这个意义上讲，它抵达的也是自我人格的完善。

心在最好处，人在最好处

筵席上，捡回个酒坛子来，小口，短颈，丰肩，瘦底，简约而美，有明清古意。插花一枝，清水养之，我在书房，它在书桌，酒放开了它，我放开了自己。书影动，花香散，灯火寂，最好的心自在清幽，最好的世间，不在别人那里，心在最好处，你在最好处。

不沉陷于过去，不耽于幻想未来，往前一步是纠缠，往后一步是自扰。当下，即是欢喜。欢喜心，未必是过上最好的生活，而是活出了最好的自己。别人多一点儿不见，自己少一点儿不觉。欢喜心，是一颗拙于计算的心，更是一颗乐于活自己的心。

已得的不执念，将失的去庆幸曾经拥有。真的没有什么必须是你的。人世间那么多来与去，来也是真，去也是真，不折磨自己，就可以修得淡泊平静。

生活丰富，不在于物质高度，而在于精神层次。日子快乐未必事事尽如人意，而是时时内心充盈。有时候，偎椅深坐，一杯素茶，发呆便是美好。有时候，捡瓶子回来，插梅便是美好。

因大欲望滋润到幸福的人，也难免会被折磨到憔悴。太在意的人，才会多失意；无止境的人，才会生困境。所谓无欲无求，其实是有够。要的不多，绑缚的绳索才少；走得不远，回来得才从容。

不苛求生活的人，生活也不会为难自己。心在平处，生命的质量才在高处。

清晨我把一杯奶、一个鸡蛋、几片面包请上桌。诸神退位，牛在原野，鸡在树巅。麦穗有秩序地跑过秋天。这一辈子，只对生活微笑。面向阳光，面向高山和溪流，面向所有的辽阔。

我有几间房子，一架篱笆。鹊的叫声是楷体的，茶烟飘成了云彩。日子清淡，在云彩之上。这一辈子，只向双亲低头，向爱和崇高低头。俯身亲近大地，亲近草木，亲近一粒种子。

在平淡的日子里，翻晒清词丽句。向每一个苦难和委屈的过往道歉，向三餐致敬。从今天起，做一个幸福的人，对有些人说不，让所有的不值得滚远。然后，珍视日常，为平静的日子张灯结彩。谁说了也不算，我才是我的王。家是多美的宫殿，花草臣服。终生的侍卫是你，而且，只需是你。

与爱的人在一起，与气息相通的人在一起。有一座小镇就够了，盛下你和我，盛下我们的幸福和日常。每一个早晨和黄昏，我在炉火旁读书，然后，看你在一旁梳妆和卸妆。

一件喜欢的事做久了，
这件事会携有你的温度和气息。

要拿自己的皮囊当回事

在一个以貌取人的社会里，把自己打理到妥当十分必要。当然了，你可以决绝，对势利的世界不屑一顾。但你的不屑一顾，根本不值一提。因为，所有被你蔑视了的，都将可能回你以蔑视。

你蓬头垢面，没人会以为你是隐在民间的高人。你衣衫褴褛，也不会有人认为你是遁世的大侠。现实情况是，别人唯恐避你不及。因为，在众人眼里，你不是叫花子就是神经病。

注重自我形象与活到洒脱逍遥并不矛盾。随心所欲的生活，不是事事都不在意，而是凡事都不刻意。在意是为了保全必要的体面，不刻意是为了扔掉绑缚的绳索，从而避免囚禁自己。

是的，必须要有所在乎。直到在别人的眼神里，看到对你在乎的在乎。

一个整洁干净的自己，既是给这个世界的一份爽心悦目的馈赠，也是一天美好心情的开始。你愉悦，世界就灵动。一个人优雅的气质，也必然是从外在的干净整洁出发的，那是一场下在人世的雪，一轮照彻穹宇的月。潘安“妙有姿容，好神情，挟弹出洛阳道”，卓文君“垆边人似月，皓腕凝霜雪”，抵达的，便是这般诗意的清秀和圣洁。

世俗是一个强大而无所不在的存在。

人与人初见，一个世俗的判断，便会自然而然地发生。彼此从对方的衣着打扮、精神气象推测收入、家境、社会地位甚至性情等，进而敬重、平视或者不拿你当回事。——就是这么直接，世俗的特点就是粗暴、外露、无遮掩。这一刻显露的，是各自的真实。

一切真实本身，都是可爱的。赤裸裸的势利比装模作样的势利，更显得有真性情。

见世俗而不世俗是很难的。那些真正超越世俗的人，从不远避山林，也不用隐匿古寺，他们活在闹市，很自然地与贩夫走卒、引车卖浆之徒在一起，不嗔，不怨，不畏，不念，浑然无觉。

这就是所谓的，在其中，却在其上。

要拿自己的皮囊当一回事。于外在，要赢得世俗；在内里，要饱读诗书。前者，获得世俗的敬意，后者，获得内心的通达。最后，表里兼修，通往人生的轻松。

一个人干净，就容易让人亲近。其形体精神共生的舒服感，会生成天然的亲和力。亲近干净，其实是一种生命自觉，抑或可以说是一种欲望需要。

一见钟情，本质上就是这种欲望需要，然后才回归到情感和爱。

如果在干净的基础上投射出气质，就会被人欣赏。欣赏是一种彼此的濡染，精神影响大于耳目所娱，就会从心底生出趣味和情致。这时候，陌生人会被折服，身边的人容易仰望。如果在气质之上自带优雅，且从年轻绵亘到年老，就会成为征服人心的力量。

当然了，至此不易。这需要一个人在自我的精神天地里，无论顺境逆境，无论富有贫穷，一辈子的坚守和修行。

把生命经营到内清静、外蓬勃、葳蕤生光的人，自在高处。“草木有本心，何须美人折”，这时候，别人怎么看，已经没有意义了。

因为，活着的意义尽在这里。于内，能安妥内心，于外，对得住寄居的皮囊。对得住是什么意思呢？就是你在花园的树底下，捧卷静读，过往的人向你微笑致意，而你，沉浸其中而又超然于外。

从适当地活给别人看，到用不着活给谁看，生命从容，安静活自己，就是人生最大的成功。

一世风雨同舟人

人活一辈子，能有两三个数十年都要好的朋友，是一件伟大的事情。

这种伟大体现在：时间绵亘这么长，足见初识时眼光多么犀利；始终恋旧人，不舍，不离，不弃，足见心底的忠诚度多么高。唯此两三个，挑剔，高冷，宁缺毋滥，足见精神世界有着多么深的洁癖。

时间最终证明，数十亿人的世界，重要的也就这么几个人。多少过客，尽被雨打风吹去。时间也最终证明，对方完美不完美不重要，在不在同一个频道才重要。

从这个角度讲，合适比完美有意义。对的人，才能对得住人。

不断地接纳和包容，是维持恒久友谊的不二法门。在对对方的接纳上，能几十年如一日；在相互包容那里，又能由一日而迤逦几十年。接纳，才走到一起；包容，方形影不离。前者本质上是对另一个自己的欣赏，后者本质上是对另一个自己的迁就和姑息。

一个没有朋友的人，人在路上孤绝地走着，已经把自己走丢了。

一种友谊，可以绵延几十年，第一说明彼此没有拴在利益的链条上，第二证明各自也没有明显的人格缺陷。因为走得清淡，才走得长久，因为分歧不多，所以牢固不破。

我们要靠金钱在这个世界上活下来，但真正相伴到最后的是人。朋友超越金钱的意义，就在于此。金钱开掘的，是物质的活力。无论衣食住行，你尽可以凭孔方兄在这个世界光鲜地行走。而朋友证明的，是人的价值。身边若没有几个一腔赤诚的人陪伴，喧闹的尘世，无论你活得多么春风得意，永远都是个孤儿。

孤儿的意思是，总有一天，树倒猢狲散，你会寒冷备尝。

所以，人活着绝不仅仅有财富和地位就够了。要是没有几个死心塌地跟着你的人，一辈子也就白活了。这几个人的意义在于，有一天，当千金散尽，荣华全收，你落魄无依，一回身，一扭头，还有几个人温暖而在，咧着嘴呵呵地对你说：

没事，看，还有我们呢！

危艰时，友情不是打败了时间，而是让你看到了最后的陪伴。

在真朋友那里，你可以城门四开，可以插科打诨，可以吆五喝六，可以哭可以笑，可以玩可以闹，想怎么着就可以怎么着。

复杂世界里的种种伪装，尽可以卸下。一句话，你不必装了。

偌大的世界，只有这一块地方是自由的、温暖的、无拘无束的。这里是自己的童话王国，也是精神高地。因为不设防，所以自在轻松。因为谈得来，所以尽敞心扉。

放开了自己，也就哗啦啦放下了全部。

一个人，无论混到多牛的地步，没有几个像样的朋友，必然也是失败的。这种惨淡，若喧闹的时候看不到，清寂的时候必然会看到。当然了，平步青云的时候，以为自己什么都有了，也就什么都不需要了。

包括朋友。

这也好理解。人在热闹中会忘记了自己是谁。他连自己都找不到，自然也就不会盛下别人。

再好的朋友也会有缺点。从朋友的不完善照见自我的不完善，然后像忘记自己的缺点一样，去忽略朋友的缺点，这本身

就是一场自我完善。

这不是朋友间的独特性，而是群体的普遍性。由此上溯，在选择性失忆和选择性记忆那里，深埋着人类的痛苦和欢乐。

亲人和朋友，才是生命中最重要的人。但有的人走向了它的反面，在两种人这里选择性强化，苛责、挑剔、计较、愤怒，差不多把人生中最坏的情绪都给了他们。倒是在一些无关紧要的人那里，却表现得谦和、温暖、通情达理。

这其实是一种无能的表现。

结果是，在不重要的人那里走了眼，让真正重要的人寒了心。

会经营人生的人，一定懂得经营朋友。

锱铢必较的人，不会有朋友。睚眦必报的人，同样不会有朋友。真正的朋友，一定是吃亏换来的。当对方以吃更大的亏来回报你的时候，恭喜你，你交到了最该交的人。

人世间那个最好的人，不是等来的，而是修来的。你以你的坦诚、善良和温暖，感召来了光芒等同的人。

以人性美而走到一起的人，相处往往恬淡。他们喜欢厮守，却从不深扰。喜欢相处的轻松和自由，却最大限度地保护着各自的空间和秘密。

前一刻吵到面红耳赤，后一刻便又把酒言欢，可以三天两宿亲密无间，也能半年数月一别两宽。相互欣赏是最好的保鲜，彼此懂得是深度的宽容。

伟大的事情，都会有一些奇怪。

试想，有几个人，用三五十年的时间，甚至一辈子，为你而存在。冥冥之中，他们来到这个世界上，也许就带着某种神秘的使命。

小猫小狗，养三五年，也会成为生命的一部分，遑论一个人。能为另外的生命投注几十年的情感，绵长的时间本身，已让对方变得十分珍贵和重要。

初始也不过是脾气相投，后来成了彼此精神的需要。在一起时，享受相处的快乐，各自忙时，安享孤独的清幽。

在这个世界上，如果最重要的朋友没了，白茫茫的大地，你一下子不知道该往哪里去了。只好在旷野中，干号几声，孤鸿远影，从此再无风雨同舟人。

有话慢慢说

有些话，不可急于出口。

无论是事急处，还是情急处。冲口而出的话，往往锋利，不是把别人伤了，就是把自己伤了。况且，说出去的话，像泼出去的水，你也不可能把它收回来了。也因此，有些伤害，可能是一辈子。

祸由口出，有时是说得狠，有时是出口快。

所以，有话要慢慢说。即将于嘴边喷涌而出的话，停顿十几秒再说，也许就是两番天地。十几秒，一来会避免犯错误，二来会应对得更从容。

前者是理性回归，后者是气质回归。前者赢自己，后者赢他人。

人的愚蠢和智慧，有时候就差十几秒。这也差不多是人和神的距离，看起来只有几十秒，却一辈子难以企及。

说什么话，在哪个节点说，是一门艺术。冲动，必然是这门艺术的大敌，因此要尽可能放慢说。慢，是柔和，是沉稳，是底气，是雍容大度，是余韵悠长。

越是在大事上，越要慢条斯理，从容不迫。安全感是这么来的，绵柔坚韧的力量也是这么来的。

人在气急败坏的时候，说不出悦耳的话，在理智尽失的时候，说不出走心的话。好好说话，就是要慢慢说话，就是要学会克制和节制。然后，在克制中找到美，在节制中找到方向。

我们一直反对别人说废话。其实，自己说过的好多话，也都成了废话。有的当时就没意义，有的流经光阴，最终无价值。

一切有用没用，只有时间说了才算。当时也许倾尽全部，过后可能一文不值。

所以要少说，要惜字如金。在节制那里，让每一句话掷地有声。人真正的尊贵，不是多说了多少，而是少说了多少。管住了嘴，才彰显了价值。

把生活交给思考，容易产生情趣。把人生交给思考，容易产生意义。在一个喧闹的世界里，少说话，多思考，就是一种美德。能节制自己的言语，不随波逐流，就是活在了人生的高地。

即便你说得再有道理，也没人会一直奉若圭臬。

人的耳朵是自由的，奉行实用主义哲学。这个世界，更多

自由不是想去哪儿就去哪儿，
而是每条路于你都是畅通的，
每扇门于你都是敞开的。

的耳朵不是谁的对听谁的，而是谁有用听谁的。它们会转向权势，表现得阿谀媚俗，趋炎附势。不要去责怪这些耳朵，有什么样的世界，就会有什么样的耳朵。

觉得自己人微言轻，不妨把一些话说给自己。或者，多给自己沉默的时间，成不了思想家，至少要做一个思考比唠叨多的人。

沉默会有一些孤独。在孤独中，坚持自我的情怀和气质，就会不同凡俗。

自己有多会说没用，对方有多愿意听才有意义。

从这个层面上讲，谦卑的话显然更让人受用。相反，居高临下、颐指气使、傲慢、嚣张的话都好听不到哪儿去。

平等的视野里，才会产生最好的接纳和包容。

一个人的气度和格局，往往会呈现在所说的话里。狭隘和自私的人，可以伶牙俐齿，可以滴水不漏，但甫一开口，便被人听出心底的"小"来，说得越多，越遭人讨厌。

孔圣人说："巧言令色，鲜矣仁。"

这个世界，谁比谁也不傻。说得天花乱坠，未必能打动人。有时候，一句真诚的话，就能让人心生好感。说到底，言为心声，心若真挚，说出的话必然动听。

一个人，什么都说，唠唠叨叨，口无遮拦，就成了广播站。

广播站的坏处是，一来再没人愿意把话说给你，二来说得太多没人把你当回事。再好的人，也会坏在这张嘴上。

所以，要活得成熟有涵养，既能为自己保守秘密，也能为别人保守秘密。知道什么该说，什么不该说，有所保留，方意味深厚，有所深藏，才意境深远。

有些人要温柔以对，有些人必须毫不留情。有时候，把话说得刻薄一点儿，就是一种态度。对于欠收拾的人，你不把话说得难听一点儿，他往往得寸进尺。

你没有态度，就会显得懦弱。懂的人，知道你这是善良，不懂的人还以为你好欺负。对于后一种人，就要把话说得狠一点儿，争取一句话噎死对方，然后在你的威势里，灭尽他随便拿捏你的勇气。

好听的话不是不会说，而是有些人根本不配听。

只要良知在，就会有直言、忠言、诤言、信言。

只要人性的恶不灭，就会有恶言、谎言、流言、小人之言。

只要人心的灰色地带存在，就会有酸了吧唧的话、阴阳怪气的话、不明就里的话。

所有的腔调背后都是嘴脸，所有的阴暗都会附带着暗度陈仓。对此，不必愤怒，也不必纠结。这个世界，所有的美好有它的运数，所有的丑陋也会有它的劫数。

遇上对的人

菩萨不在庙宇，也不在殿堂。人世间真正的菩萨，是那些摆渡自己的人。

是谁不重要，重要的是谁合适。

传经布道者也许为你讲了很多，但他讲得越多，你可能越纠缠不清。有时候，小人物一句简单的自嘲，就会让人心头豁然开朗。你觉得自己什么都不是，也就什么都简单了。所以，遇上对的人，比遇上高人有意义。这看似偶然，却是每个人的运数。

冥冥之中向你走来的人，有些是过客，有些却是送你到彼岸的摆渡人。《飘》的结尾，斯嘉丽说，毕竟，明天将会是新的一天。是的，无论此刻多艰难，都要等着明天为你降临的那个人。

也许，他正在奔赴你的路上，星夜兼程。

从前有个人，总觉得活得不如别人，一天到晚灰头土脸的，一副不如意的模样。有一天，他突然眉开眼笑，说，虽然我活得不如他，但我活过了他。

原来，他艳羡的那个人忙于挣钱，积劳成疾，死了。怎么评价这件事呢？人的成功固然没有标准，在时间的纵轴上，谁能笑到最后，谁就是赢家。

身体康健是一切的根本。然后，还要精神明亮。

不攀比，不嫉妒，不嗔恨，红尘世界，清简相看。总是盯着别人活，永远活不好。欲望没有穷尽的人，一辈子要盯着许多人。人要自个儿找罪受，谁也没办法。这是命数，也是劫数。

问题是，外在的劫好度，自折磨难缠。

所以要活到精神明亮。你在路上，有的人走在了你前面，你知道不必追，这是通透。然后，为这个气喘吁吁走在前面的人鼓掌，这是明亮。通透是不为难自己，明亮是心底有别人。前者通向智慧，后者抵达开阔，便是一个很难被世俗束缚的人。

为一个人拿出全部，好处是赤诚，坏处是一旦对方习惯了，余下的全都是不好。从这个角度讲，倾尽所有有时候不是坦途，而是绝路。

因为倾尽所有，就意味着将一无所有。

还是要为自己留一点空间。有些话不必说出口，有些事要一辈子藏在心里。这个世界上，最可靠的人是自己，奉若珍宝的东西，可以带进坟墓。在分寸的把握上，你有实在就够了，太实在了，也许还会有人以为你傻。

是的，不是所有人在看到真相后，会顺便看到你的崇高和坦荡。你必须在赞赏的对面，看到讥讽和冷笑。

要留住最后的神秘，这是你应该有的深沉。在这份深沉背后，深刻与深厚相互激荡。一眼望到底，在意味上，肯定难以胜过曲径通幽。你留住神秘，其实是留住了别人对你的那点想头。

好人是这个世界的慈悲，但几乎所有的人把好人当成了一种慈善。接受好人的好，仿佛就是天经地义；只要他们比平时少拿出一点点，立刻就会招来骂名，似乎骂也顺理成章，天经地义。

所以，特别心疼好人。只因为他们太容易受伤，也太容易受气。

好人身边未必有多少恩人，但一定会有一群白眼狼。而且那些不好伺候的白眼狼，后来还会成为仇人。

好人只能一直好下去，在任何时间，在任何事上。好人努力地实现着自己，也成功地绑架着自己。

好人的优点是慈悲，缺点是太慈悲。这么说不是希望好人

变坏，而是希望别对谁都那么好。

当然了，你让好人学圆滑，他学不来，学世故，也学不来。要是能学来也就当不成好人了。好人是灵魂层面的，这是他们无法撕去的一个标签。

好人的丰碑，在另一个好人那里。一人说，嗯，他是个好人。另一个人说，唉，他是个好人。全部的肯定和表扬就在这两个字里。

为什么还要“唉”一声呢？

沉重就在这里——好人拿出的不少，有时候，承受的却要更多。

这个世界从来热闹非凡，也始终虚情假意

这个世界，没有那么多欠与不欠。你为别人下一场豪雨，有时候可能连个地皮湿也换不到。甚至换来的，是你寒冷时的一阵彻骨的风。这都很正常。哪有那么多正好等着投桃报李，不如自己多养几棵李树，自啖而欢。等着滴水之恩涌泉相报，不如放下贪念，清水养心。

一嗓子喊出去，大山都未必给你回音，遑论内心宕动的一个人。不要有那么多指望，也就不会有那么多失望。

人生的每一次付出，就像泼水于地，收是收不回来的。等到后来，突然有一片绿色长到那里，不过是人生的运势罢了。你碰到了一个好人，他有一颗好心，还死心塌地地对你好，只能说明你遇上了最好的运势。

但运势是偶发的。它是最合适的时空之轴，对你的一次造访或路过。之后，它就会走，就会制造下一场相逢。对于运势，你若眼巴巴地盯着，期盼着，只会把一颗心等到绝望、等到寒凉。

还是不必等吧，一切随它去，把你拿出的好统统放下，统统忘掉。就像未曾付出，就像未曾来过，然后宝帘闲挂小银钩，然后做卧龙岗上那个散淡的人。

任何刻意都将是痛苦的。刻意去等一个人，刻意等一件事为你发生，都显得痴妄。痴妄是对自己的一种刻薄与绝情。

是你的自会是你的，不是你的，等也白等。

没有谁必须为你可靠和忠诚。时间会改变好多东西，在时间面前，你也曾改变过很多。你看清了自己，也自会看淡这个世界所有的变卦和变心。

一叶扁舟，一支橹，一边摇，一边看尘世江山。看着看着你也就明白了，你最终能攥紧的，只是手里的这支橹，其他一切人和事都会随水流去。什么美人红尘，什么功名利禄，统统不是你的。其实，有这支橹也就够了，只要你想得开，逍遥由你，恬淡由你，风雨烟云，一任平生。

在俗世的生活里，谁和谁都差不多，好不到哪儿去也坏不到哪儿去。每一个肉体凡胎所体现出来的狭隘与大度、真诚与虚伪、秀美与丑陋，在广阔的人性疆域里是平均的。也就是说，谁也没资格对他人指手画脚。人世间，那些喜欢站在道德高地指斥他人的人，往往很不道德。

当然了，自己高尚不上去，并不意味着别人也做不到。汉武帝时，李陵投降匈奴，当他看到一样投降了匈奴的卫律，一定在心底宽恕和原谅着自己。直到他去劝降苏武时，才明白这个世界上真有为了民族大义而誓死不屈的人。李陵叹息说："嗟乎，陵与卫律之罪上通于天。"他的叹息是真挚的，那一刻，猥琐看到了刚正，懦弱看到了勇敢，暗黑看到了天光，人格的火焰照彻了人性中所有的丑陋和卑怯。

一个相差不多的群体，彼此是平衡的，这样的平衡极易产生幸福感。你没有比我好在哪里，我也没有比你差到哪里，我跟你一样，就是这种幸福感的全部。这时候，比别人略好的部分，成了幸福感之上的荣耀感。人的虚荣，往往在这一点儿荣耀感里催生。当虚荣成为一个深渊，幸福感就消失了。当一个人遏制不住自己的虚荣，痛苦也就开始了。

与虚荣并生的，一定还有贪婪。贪婪是全人类的一个噩梦。贪与不贪的两边，是宁静和喧嚣，是坚守和沦陷。尽管活到清风朗月的人少之又少，然而正是这些人，提升着人心的海拔和纯度，成为这个尘世最后的信心和力量。

不要轻易相信那些咋咋呼呼的人，这样的人在关键时候往往虎头蛇尾，一点儿也不靠谱。

前一刻，他追随着你，还是同盟和死党，后一刻，便在利益和利害面前背叛和疏离。你傻傻地跑在前头，他早已没了人影。

然后，所有的后果，你一个人扛。

悲哀的不是身边突然少了这么一个人，而是从此你少了相信他人的能力。你的怀疑和惊惧，会让你本能地躲避这个不可靠的世界，进而走向自己，回到最深的孤独。

这样的人往往愤青，貌似秉持公平和正义，眼里容不下沙子，你被他们吸引和感动。然而，他们的愤怒是假的，懦弱的内里会让此前的一切瞬间偃旗息鼓甚或灰飞烟灭。这样的人会主张革命，但革命到来之后，很快就又成了叛徒。

与其共处危艰，或许是识人的最好方式。这时候看到的人，最抵近本质。也只有通过这样的比较才会发现，一个人的表面和本质会相差那么大，一个人坏的时候和好的时候会相差那么多。

从这个意义上讲，更多的人在更多的岁月里，都在遮掩着自己，活成另外一个模样。也因此，这个世界从来热闹非凡，却也始终虚情假意。

灵魂带灯

第三辑

干净的生活，必然源自干净的圈子

一个人有干净的生活，必然源自有干净的圈子。所谓干净，就是指彼此间利益纠缠不深，相互打扰不多。也就是说，在这个圈子里，各自都活得自由而简单。自由是因为不欠，简单是因为少瓜葛。

走得太近，交往过密，难免就会用力太多，用情太深，这时候想拔腿就很难了。拔腿不易的地方，一般都成了泥淖。

那些喜欢安静的人，一定有一双谛听自然的耳朵。他们更愿意把自己交给自然，一路山高水长，天人合一，缱绻陪伴。

他们解放了自己的嘴巴，也渴望避开全世界的喧嚣。也许在他们看来，清净是内心中的一种秩序，是个人王国的全部上层建筑。

这样的灵魂也必然是孤独的。他们欣赏人世的一切寂静，也安享着自我的孤独。

与迎来送往左右逢源的人相比，寂静的活法显得简陋而苍凉。

偏安于自我的一隅，看似不食人间烟火。这样的去世俗化，在自己是丰富的安静，是丰盈的喜悦，在别人看来，是冷清而寒酸，遥远而孤傲。

不是一路人，就不会在同一个频道里。追求的不一样，看到的就会不一样。于是，这个世界上最分裂的情形是：对牛弹琴，鸡同鸭讲。

这时候，赤诚相对是不可能了，狭隘最终只会走向窄憋。尴尬在这里，无奈也在这里：我本将心向明月，奈何明月照沟渠。

这个世界，不是谁都能体会到心闲气静的美好。

一个不爱打扰他人的人，自也不愿意被他人打扰。他们一定是厮守在了这般意境中，不愿出来。他们深知，人生的胜景，不在高处，不在远处，而在心安处。

这些人的周围，黏附的都是同类。他们互相靠近，也不过是为了能轻松地一走两散，互不相扰。

——彼此明明志趣相合，还要隔着一段的距离。这个距离，恰恰说明了，一方面每个人性情淡泊，另一方面各自都还有着不同程度的社交恐惧。

他们对人世是自卑的，于是愈发渴求内心的秩序的完善。

干净的圈子，一般都是小圈子，人不多，三五人甚或二三人。一个人数庞杂的圈子，难免就会泥沙俱下。

当然了，让一个圈子危机四伏的，不是人，而是人性。

生活中，清风朗月的人一夜之间变到唯利是图的大有人在。岁月的长廊中，没有多少脸谱可以永恒。因为，人性有多扑朔迷离，人心就会有多深不可测。

所谓的干净，其实就是人性简单和清纯。你不用想那么多，只是因为，对方只有这么多。

但凡喧嚣处，皆关涉名利。人间的一切纷纷扰扰，金钱、权力、名声都不会让人安静下来。

而恰恰这些彰显着一个人在俗世的位置。于是，好之者泱泱。

在虚荣的人看来，体面就是风光，位置就是价值。有了位置，就意味着有了一切。问题是，一个在乎世俗尊重的人，难免就会忽视了自我的灵魂。也于是，心为物役者泱泱。

当人际关系不架构在金钱和权力之上，人世的一切喧嚣就会沉静下来。世俗的打扰没了，圈子也就变得简单了。也就是说，你总得离开点什么，才会无限接近内心需要的东西。

冥冥之中向你走来的人，
有些是过客，
有些却是送你到彼岸的摆渡人。

看到，而不抵近／

阿尔法狗打败围棋高手柯洁九段，人工智能打败了人。

人工智能足够精密，人却往往百密而一疏。简言之，人是会出错的，而人工智能不会。

但未来的人工智能会打败人情和人性吗？也就是说，人工智能再高明的算法，也会显得“耿直”。而再直率的人，也会在某一刻显得扑朔迷离和捉摸不透。

也就是说，人工智能最终会输在情感上。

譬如，谙熟了《红楼梦》之后，人工智能也许会另写出一部《红楼梦》来，其辞藻、笔法、布局甚或钟鸣鼎食之家的豪奢，都可以达到。但因为没有经历过曹雪芹由盛转衰的悲欢，绝难写出“一把辛酸泪”。它可以模仿勃朗特再造一对简·爱与罗切斯特，而绝难写出那般动人心魄的爱情。

再复杂的人工智能也是简单的，因为一切都是“被设计”好的。再单一的人，内心也是丰富的，所有的爱恨情仇出于天生。

人类颠覆性的发展，起初是以千年计，后来是以百年计，再后来是以一二十年计，现在三五年可能就会突飞猛进。

在时间的纵轴上，走得太快了，快得有点吓人。

再快一点儿会怎么样？也许是悲观的场景，人逐步被淘汰，甚至被人工智能奴役化，空有美景而漂沦憔悴。也许是乐观的场景，更多的事被机器人代替，人尽逍遥，喝茶，聊天，打太极。

即便是多乐观的场景，仍然希望慢一些，再慢一些。这个星球，经过亿万年沧海桑田的变幻，才有了今天丝丝相扣的食物链，才有了大地山川的妙不可言。如果真被数据化的人工智能站在了食物链的顶端，之前所有的快，不过是加速了自我的消亡。

火星撞不了地球，但人真的可以自己把自己毁灭。

在科技与时间的不对称上，希望人类能总体持衡。

这个世界可以有有野心的人，他们以高科技改变着时代和生活，被社会尊重；也可以有坚守传统的人，他们日出而作日落而息，绳床瓦灶，草牖柴扉，一样也被社会尊重。前一种人不对后一种人征伐和声讨，后一种人对前一种人心存敬畏和仰望。

彼此温和的相处，又各自欣赏对方的文明。包容，就是最大的和谐和进步。在高度发达的未来，人工智能彼此的包容会非常重要。因为，当单纯的矛盾升级为多重的矛盾时，乱象就会肇始，祸患就会发生。

毕竟人工智能那里，不存在公序良俗，它们恪守的是各自的代码和算法。

可渔樵于江渚之上，亦可往返探索于星际之间。尊重并支持每个人向自我喜欢的方向发展，在国家层面上，保障每一个子民选择的意愿和自由。

探索永远没有止境。

在科技的发展上，多希望人类拥有的只是一台望远镜，看到并发现了一切，却永远不抵近。

尤瓦尔·赫拉利在他的《未来简史》中说："人类将来也会被算法管理，人将不会有自己的意志。"他还说："这时候，大多数普通人将会被淘汰，而只有少量的'超人类'即'智神'将和数据主义对抗。"这么说来，未来的世界将多么可怕。

还是简单一点儿好。简单不是退回到原始，而是在前进中找到彼此的适应。还是慢一点儿好，慢慢地去感受美好孕育，人类主宰着世界，也与万物和谐共处。

世界上所有的焦头烂额都无足轻重

在世俗的价值体系里，有用就是有意思。在个体的灵魂世界里，有意思才有用。

前者关心的是钱权，后者在意的是趣味。前者在人生的境遇里，可阅无数腔调和嘴脸。后者在自我的精神领地，会洞见众多空虚和无聊。

没有谁会在物质世界一辈子有用，前呼后拥者终将跌落，而有趣的灵魂却可以老而弥香，因自身的丰富曲径通幽，生出大意境大滋味。

有趣，就要耐得住孤独和寂寞，不为外在的热闹所动。《世说新语》有“管宁割席”事，“（管宁和华歆）尝同席读书，有乘轩冕过门者，宁读如故，华废书出看，宁割席分坐，曰：‘子非吾友也！’”在共同的追逐那里，到处是一丘之

一个人活到成熟，
最好看的气象应该是：
没有四面楚歌，
只见四方宾朋。

真正的自由，
是让彼此舒服，
是让每一个生命互相尊重，
并获得各自的尊严感。

貉。唯于共同的坚守处，才能看清谁跟谁是同一路人。

有趣，是安静灵魂的香味。

热闹处，必然是欲望升腾处。浮华，喧嚣，奢靡，浓艳，衣香鬓影，灯红酒绿，争名夺利，互相倾轧，都不会呈现沉静的灵魂。这样的场合，有趣是不可能了，在浑浊中，能全身而退，就是难得的干净。

人生最大的困局，不是自己活得好与坏，而是太在意别人说好与坏。

太把自己当回事，难免有些自傲。而太把别人当回事，又缺乏足够的自信。本来心情蓬勃葳蕤，别人三言两语之后，便很快一塌糊涂了。这样的人，往往脆弱而多疑。

无论跟谁，倾注太多，就会牵制太多。别人如果不能是幸福的摆渡者，但至少不应该是快乐的掘墓人。

活在自己的世界里，比活在别人的目光里重要。毕竟自由而不自我，才是抵达内心轻松的法门。否则，太在乎别人怎么看，要么缩手缩脚，要么畏首畏尾，疙疙瘩瘩，总之痛快不了。

更何况，懂你的人自会尊重你呵护你。不懂你的人，即使为其倾尽所有，也是枉费。因为，你在人家那里可能都不值一提。

真的不要在乎那么多，这个世界上所有的焦头烂额，其实都无足轻重。

一个人最大的尊重，是自己给的。云谲波诡的人心，靠不住也捉摸不透，前一刻捧你上天，后一刻就可以把你重重摔下来，甚至还可能踏上一脚。所以，管它呢，活自己就是了。你觉得自己无与伦比，就不必在乎别人说三道四。

一辈子活在别人目光里的人，多么可怜。如果沉陷在这种虚荣中，又未曾获得过些许快乐，又是多么可悲。

深重的自卑，是一座无法逾越的大山，有的人徜徉在山脚，有的人自压于山下。

每个人都会有对等的烦恼。不要以为混到马云的份上，就可以不用为钱发愁了。事实上，越是有钱人越会为钱发愁。要么是太多了，不知道怎么花。要么是觉得太少了，不知道怎么办。

是的，一点儿都没错：越有钱的，越没钱。

没有智慧辅助的富人，永远只是暴发户。金钱能给他们带来多大的快乐，就会带来多大的苦恼。所以，有钱人比穷人更需要智慧。因为填饱肚子有点力气就够了，而驾驭足够多的金钱则需要理性、眼界和格局。

简·爱意外地得到伯伯的一笔两万英镑的遗产。她没有独吞，而是平均分给了几个表兄妹。这对于从小寄人篱下受人欺侮的她来说，超出了成长的本分。从贫穷的寒冷中走过来的人，没有走向狭隘和自私，这样的人，人格力量温暖而通达。

生活没有故意偏袒谁，也不会有意刁难谁。好的坏的，都会一股脑儿到来。活得幸福的人，不是没有烦恼，而是计较的少，放下的多。

也就是说，他们幸福，只是会幸福罢了。

要始终能看到当初的自己

南怀瑾说，人生遭逢的所有困难，都会是修行的道场。而所谓修行圆满，也不外乎向生活宣告：看，我从这些困难中走过来了。

其实，修行何止于困境。顺境亦然。被人喜欢和娇宠是道场，拥财富得权势是道场，一帆风顺扶摇直上也是道场。人在春风得意的时候，难免会居高临下云里雾里。所谓圆满的修行，也不过是到头来，说：看，我还是那个我。

人生在世，日日都是道场，时时皆在修行。修行，最终是面对另一个自己。只要不跟自己过不去，诸事都会过得去。有时候要顶天立地活得像个英雄，有时候也要能忍气吞声活得低眉顺眼。

也就是说，要能进能退，能张能驰。甚至，委屈一点儿，告饶一次，妥协几步，也没什么不可以。

修行，最终完成的是自我修复和抵达。

它的终极目的，不是让自己走向了完美，而是站到了高处。

于困难中收聚勇气和信念很难，于声色犬马处收敛繁华和奢靡也很难。人在意气溃散时，命运感就会驾临。当欲望炽烈时，张狂会成为习惯。

人在无路可走时，会看到了自我的渺小，事事如意时，又往往觉得无所不能。前者显露出生命自身的局限，而后者暴露出欲望世界的局促。

同样是遭遇多舛的命运，有的人九死一生百转千回，有的人遁入空门孑然一身。遁入空门，固然可以修行到清淡，超然于物外。但九死一生活过来，其实是更大的修行。

因为，超越生死的人，必然也就超越了一切。

人心是人生最好的解药。一颗强大的内心，最是无敌。金钱、权力、荣誉、名声，人世能给你张牙舞爪的一切东西，但一颗强大到无坚不摧的心，不是谁都有的。

这个世界，所谓命好的人，不是得到很多的人，而是无论什么时候都能吃得饱睡得着的人。毕竟，得到的终有一天会烟消云散去，而一颗大心脏却可以是倚靠到最后的坚强港湾。

人这一辈子，过到衣食无忧、无痛无苦基本是不可能的。这样说的意思是，烦恼和痛苦是生活的必然组成部分。真正的修行是关公刮骨弈棋，是嵇康赶赴刑场从容弹一曲《广陵散》，是苏轼贬谪黄州趁月色到承天寺夜游。

为烦恼而哭的人不是软蛋，哭过之后能笑着面对生活，就是强者。

修行就是在人生的最低处，活得还是自己。人在低谷，精神不低人一等，生活失意而不失掉趣味，日子沦陷却始终坚守底线。

一句话，既要忘掉比较，还要经得住落差，更始终能看到——当初的自己。

而这，差不多已经抵达了人所仰望的境界。

一心清淡看暖凉

人看明白了一切，必然是在落魄的时候。当然了，觉得人间美甚，也必然是在春风得意的日子里。

一切激烈的情绪，源自跌宕的生活。日子无风无浪，心情自然也就不痛不痒。

王国维说，以我观物，一切皆着我之色彩，也正所谓“泪眼问花花不语，乱红飞过秋千去”。

有时候，觉得人世变了，其实只是自己的境遇变了。一个人走向深沉和深刻，必然是经过了这样的颠沛流离和盛衰起伏。也就是说，走多少路不重要，重要的是，这一刻，自己走得有多艰难。

任何水落石出都会显得锋利和残酷，包括人生的真相，以及人心的真相。

最痛苦的，有时不是自我命运的反转，而是你不行了，马上就有人翻书一样地跟你翻脸。疏离算是客气的，有的转身啐一口，甚至还要在你的狼狈不堪里，再踹上一脚。

人世的苍凉就在这里，你感受到人心势利也就罢了，还要触摸到落井下石的寒意。你个人黯淡了也就算了，身边的所有都要跌入漫漫长夜。

你痛苦的不是他人的背叛，而是你温暖了半辈子，早已忘了这个世界的狰狞。

在这之后还能活到平和的人，一定是看透了，才看开了。人世的种种来与去、亲密与疏离、热火朝天与冷清寂寥，不再像过去那样在意了。面对一切的盛与衰、赞扬与嘲讽、车水马龙与门可罗雀，都笃定沉静，见怪不怪。

一念不生，方一尘不起，才可一心清淡看暖凉。

当然了，人在潦倒时候遇到的善良，必然是人间最纯粹的善良。在你一无所有时还对你好的人，彻头彻尾，没有一点儿私心。

这样的人，是生命中的贵人，值得一辈子深交。

也只有在最艰难的时候，才能看到最真的对方。这时候的善和爱，来自人性的底部，不必担心过河拆桥，抑或人走茶凉。几乎所有的人弃你而去，这个人却逆势而行，主动站在你面前，说一句：没事，还有我！

你好的时候，对你好的人未必是对的人；你惨淡孤苦的时候，对你好的人，值得为其倾尽全部。

一辈子活得无风无雨再好不过。这样的好处是人生平淡无奇，这样的坏处也是人生平淡无奇。因为看不到完整的世界，自然也就无法窥见完整的人心和人性，进而在一些问题的看法上，难免就会偏颇，甚而偏激。

若判断上丧失了价值，人生就容易湮没意义。

一个人，领略不到世界的复杂，就难以抵达自身的丰富。毕竟，沧桑是苦难，也是底蕴。不经历沧桑的人，必然是脆弱的。一个人，最后活到强大无畏，只是因为见过太多可怕的人和事，最后才什么都不怕了。

也就是说，所有的从容和淡定都是磨砺出来的。

人世间的所有事，最后都是人与人的事。一切得失，本质上都是自我的角力和计较。当你一无所有的时候，有点就觉得富足；拥有了很多的时候，贪婪却想让你占有得更多。

活得清淡的人为什么容易幸福？因为除了沐浴同类人性美的光辉，也会被自身的人性美照耀。

生活不会故意偏袒谁。得到很多的人，必然会失去很多；那些所求甚少的人，内心的惊悸自然会少，而所沐受的安详必然布满光阴两岸。

有诗意才有意义／

在喧闹的人群中，是不会寻找到诗意的。诗意必须要回到自己，要么一个人站在一棵树下寻找绿意，要么你就是一棵树，诗意的本质，是安静中的蓬勃。

活在一群狐朋狗友中，是不容易有诗意的。世俗的吃喝玩乐，只能养成世俗的情趣和情绪。诗意的圈子，二三人足矣，彼此赏心，却从不腻在一起。

距离是诗意的一部分，所有隔着距离的情感才会美。

大自然里最诗意的画面都是安静的。

喧嚣和躁动是美的大敌。内心宕动的生命，形体是难以收束的，再好的气质也都会土崩瓦解，落在精神面相上，就会显得形神委顿，甚至还会有点猥琐。

天地有大美而不言。不言，是因为不必言。有些美，一张扬就会扭曲。有些美，一说破就会穷形尽相。因为庄重而愈厚重，因为收束光芒而愈发闪烁迷人的光彩。

我相信，诗意是对安静生命的一种敬意。此中有真意，欲辨已忘言。既然不知道该说什么了，只好赋予其诗意吧，从而熠熠生辉。

人的诗意，本质上是孤独之美。静对一朵花，独酌一杯茶，守一卷诗书，一个人访山赏流岚看虹霓，所有这一切，其实都是与另一个自己厮守。

孤独会怡养独特的精神气质，诗意会生出非凡的胸怀气度。气质是超越别人的力量，气度是超越自我的力量。一个人因气质而与众不同，又因气度卓然于他人之上。前者征服的是眼球，后者慑服的是人心。

男人的诗意是深沉，女人的诗意是知性。深沉的背后是一种雄浑，知性的背后是一种华美。呈现在人前，就是深沉内敛后的踏实，以及知性烘托到妥帖的优雅。

有合适的人，对饮也是诗意的。有知心的人，无言也是诗意的。境由心造，亦由人造。在一起轻松而又彼此愉悦，就是诗意。诗意跟金钱和权力无关，诗意里可以有红粉知己，绝无达官贵人。

江上之清风，山间之明月，红尘之诗书，佳人之耳语，是诗境的一部分。瀑下赏风语，松前听果落，羁旅逢故人，鬓雪寸心丹，也是诗境的一部分。诗境，就是与自己、与天地精神相往来。

诗意是天人合一。一个人的趣味在那里，诗意就在那里。不在于说什么不说什么，做什么不做什么，正所谓“草本有本心，何求美人折”。

真正的诗意是简单的。它浑然天成，却又看起来妙手偶得。它是上天赋予人的一种灵韵。

诗意完成的是由人性接近神性的过程。也因此，诗意必然是贵族气的。人从动物性跳脱出来，上升到神性高度，会带来情怀和格调的升华，也会带来良知、崇高、正义，这样诗意地活着，完成的是人生终极意义。

在世俗的世界，诗意是十分困难的。而生命的高下恰恰在这里，人生的好玩儿处也恰恰在这里。

说到底，有诗意才有意义。

这个世界，除了爱情，

其实，还有更多更美的风景。

有一种爱，居然是不爱

美国作家玛格丽特·米切尔的《飘》给人类的贡献，不只是南北战争背景下斯嘉丽和艾希礼、白瑞德的爱情故事，还深层次地揭示了人类爱情的一个荒谬之处。

至少，我是这么认为的。

小说的最后，当艾希礼的妻子梅兰妮死去，当自己的丈夫白瑞德出走，这么多年来，横亘在斯嘉丽和艾希礼之间一切爱的障碍都随风飘逝了，按逻辑，她和他可以毫无顾忌地去爱了。可是，就在这一刻，斯嘉丽惊奇地发现，那个一直令她深爱着的，生命中不可或缺的男人——艾希礼，她其实并不爱他。

是的，真相就是这么狗血。

长久的爱的焦渴背后，也许深埋着爱的尴尬。——这就是人类情感的荒诞和悖谬之处。人世间，多少人为得到一个人而爱得丢盔卸甲、九死一生。一旦真的拥有时，却发现，对方并没有未到手时所想象的可爱和完美，甚至还有些索然无味。

这是因为爱得盲目吗？不，是爱得贪婪。因为隔着距离，才觉得有滋味；又因为没了距离，才觉得没意思。

此刻也许还会后悔，因为曾经那么痴、那么真。也许还会痛苦，因为用力太多，用情太久。多少深情付出，都因为不爱了而变得不值得。

以回望的角度来看，很多的爱，其实都是不诚实的。或者说，狂热掩盖了真实。当然了，这样的爱，结局也不一样。有的人当时就分崩离析，各奔东西；有的人将错就错，一辈子凑凑合合也就过去了。

而有的人，勉强成就了婚姻，却在彼此的婚姻生活里，用敷衍掩盖貌合神离，以貌合神离掩盖分崩离析，就这样死不死，活不活。在各自的精神世界里，对对方万念俱灰，也对爱彻底寂灭。

他们用爱，打败了爱。

人生的可怕之处，不在于你身边有一个恶人，而在于相伴你左右的，始终是同一个恶人。有时候，多舛的命运，不是苍天不饶过你，而是这个人如影随形，你躲不开，逃不掉。

你败了，是因为你累了。

这样的情形，伟大的文学作品曾为我们阐释过。《悲惨世界》中的冉·阿让，因为偷了一块面包，而被判了十九年徒刑，他出狱后，本可以有新的生活。然而，警长沙威总会在他人生安稳下来的某一刻突然出现，然后，让他的命运转弯，甚至颠沛流离。

那年，我初读《悲惨世界》，觉得沙威就像一个巨大的隐喻，看得我惊心动魄。

这差不多就是一个悲剧。悲剧就是把有价值的东西毁灭给人看。同样是雨果的小说《巴黎圣母院》中，副主教克洛德疯狂地爱上了吉卜赛女郎爱斯梅拉达，但爱斯梅拉达并不爱他。“既然我得不到，那就谁也别想得到”，最后就是他，把最爱的女人送上绞刑架。

这就是毁灭的人生哲学。

离开文学，在素常的生活里，只有你自身的力量足够强大，身边才不会有坏人。当然了，也不是没了坏人，而是你的光芒遮盖了他，对方已经无足轻重。

《悲惨世界》的最后，为所有读者展示了一种比强大自身更伟大的力量，冉阿让本有机会亲手杀死沙威，但他却选择放了他。

也就是说，更伟大的力量是爱。它会让仇恨的心变得柔软，从而不纠缠于愤怒和哀怨之中。

放下仇恨，本质上，不是放过了敌人，而是放过了自己。

灵魂带灯的人

一帆风顺的人生固然轻松，但轻松的人生往往单薄。这种单薄体现在：一是智慧不够，二是敬畏不够。

智慧不够的人易脆弱，敬畏不够的人易轻浮。前者，因为太平顺而丧失了强大自我的能力；后者，因为太如意而欠缺了庄重自我的能力。

相反，阅历丰厚的人，他们对降临在生活中的苦难和挫折会看得开，却从不看轻。看得开保证了此后的解脱，不看轻升腾了此前的庄重。然后，走过的路，阅过的人，读过的书，化成纷至沓来的经验，虽然大事不可能化小，但遇事肯定不慌乱了。

人一辈子活下来，若能得这份淡定和从容，就是圆满。

从人生的过程来看，命途多舛的人似乎很可怜，但从结果来看，无风无雨的人生其实很可悲。尽管谁都希望生活能无痛无痒地过，但太过轻盈的生活，并不能修来有质量的灵魂。

或者，换一种表达就是，在命运的千疮百孔那里，才会看到灵魂的厚度和光泽。

泰戈尔说："你今天受的苦，吃的亏，担的责，扛的罪，忍的痛，到最后都会变成光，照亮你的路。"

是的，苦难的人，因为在黑暗的日子待得更久，所以，总会有一些涅槃，他们未必长出了翅膀，但灵魂带灯。

人生会有这样两种痛苦：一是生活没有把你安排在合适的位置上，你只好苟活；二是身边没有为你匹配合适的人，你只好苟且。

苟活会觉得窝囊，苟且会觉得委屈。于自己，看起来都叫不如意。

事实上，我们可以通过拼搏找到合适的位置，却无法躲开不喜欢的人。也就是说，不苟活容易，不苟且真的很难。

当然了，有的人在任何位置都可以活到不同凡俗。这些人，一定是把内心调到一个合适的位置。所以，肉身所在的位置并不重要，心安置在哪里，才真的重要。

而所谓的窝囊感，是内心不平衡生成的。有时候，并不是位置与能力不匹配，而是对无法安妥自己心灵的一种挣扎和愤怒。

努力可以改变境遇，但与谁在一起，则需要修行。

脾气、情趣、审美一致的人，一起共事或者厮守，肯定是快乐的。因为是同一个世界的人，彼此懂，省去了好多解释，相互认同，避免了好多提防，在一起的日子，自在，轻松，除了光阴老去，什么也不会发生，这就是全部的快感所在。

生活的无奈之处就在于，你不喜欢谁，身旁偏偏会有一两个谁。你希望他尽快消失，对方却有可能陪你一辈子。所以，有些苟且是注定了的，你避不开，逃不掉，它已然成了生活的一部分，甚至已经成了命运的一部分。

换一个角度想，生活不让你舒舒服服地过，只是以此来考验你，历练你，在苟且中周旋并迎来送往，让自己变得强大。也因此，应对这些苟且本身就是一种修行。

我不认为这个世界有不膨胀的人，除非他没有成功过、出名过、有钱有势过。

后来，这些人不膨胀了，一种可能是此前所拥有的一切都烟消云散了，一种可能是得到了更多，极盛而定，慢慢沉淀下来了。

然后，都走向了沉静，前一种是悲凉而静，后一种是笃定而静。前者因为热闹散尽看透了更多，后者因为熟谙满盈之理看轻了更多，前者属于生命沉淀，后者属于哲学沉淀。

所以，我们看到了一夜暴富然后销声匿迹的隔壁张二狗，也看到了富可敌国却始终还要富下去的李嘉诚。

膨胀是人性某一刻的自然萌发，沉静是智慧和命运对自我的理性收束。

无论是哪一种人，在如此沉淀之后，肯定会比普通人看到得更多，也看清楚得更多。

人总会有嫌弃和憎恶以往的那个自己的一天。从这个意义上讲，膨胀之路也是一条悟道之路。

偏见

偏见无处不在。人眼里的主观化世界，有时候就是被偏见过滤了的世界。

也就是说，我们看到的不是世界的真实，而是自我的真实。

在这样的自我真实里，一切真相都会黯淡和扭曲，一切客观都会坍圮和废弛。

没有一个人会认为自己的认知和判断是先行错误的。

一个人一旦正确被习惯化，就极容易自我神圣化。这时候，偏见非但不会被揪出来，还可能被粉饰到真理的高度。譬如，你看，果如我所料吧，这个人干啥啥不行。再譬如，这么大的事，派个女同志去干，简直不过脑子。

偏见极易世俗化，又极具私人化。

世俗化体现了它的专横性和顽固性，私人化又表达着它的狭隘和粗暴。

很自然，偏见所过之处，必然会有误读、误解、误会，也必然要产生谣言、歧视和中伤。

偏见源于人类与生俱来的自大，以及一直缺席的自省。

自大附体便总觉得优于别人，自省缺席难免又看不清自己，于是审视上的不着调导致了结论上的不靠谱。

凡偏见，会自带两套装备：有色眼镜，放大镜。前者负责偏离客观，后者负责强化主观。

有色眼镜给了底气，放大镜给了豪情。于是，偏见大行其道。

偏见，是个体的愚识，是群体的愚智。偏见的本质，就是一种愚昧。人世间好多看不见的挣扎，就是活在了偏见之中。

在偏见那里，是看不到真相的。但偏见本身有它的真相，那就是生命的不对等。

不抱偏见的人是没有的，没有被偏见伤害过的人也是没有的。

程度不同而已，显隐深浅而已。

简直太普遍了，像每天有风过，像每天有尘落。然后，风都过去了，尘都擦去了。普遍性巧妙地掩盖了这一切，也让人忘记了这一切。

让偏见低眉是不容易的。

有时候，事实和真相会让偏见收敛，但真正让其收结的，必须是深触灵魂的事情。

所以，不要急着去擦亮双眼，比这个更重要的是荡涤心灵。

心明才眼明。

有的人死了，但偏见不死。

有的人死了，就是死于偏见。

发生在一个家庭内的性别歧视，是最小社会单元的偏见。

而种族歧视，横跨江海湖泊，横亘岁月长河，是罗织在时空维度上的世界性偏见。如果说性别歧视是对个体尊严蔑视的话，种族歧视就是对人类尊严的践踏。战争是看得见的屠戮，偏见是看不见的扼杀。从这个意义上讲，都是灭绝人性的。

让生活多一种可能

第四辑

让生活多一种可能

我有个朋友，活得像徐霞客似的。他每到暑假便出去旅行，祖国的山川大地差不多都走遍了，而骑车进藏居多。从四川进藏，沿青海进藏，这两条线路他走过多次。每次在朋友圈看到他傲娇地站在公路边的某个路标处照相，就觉得自己白活了。

与他的丰富相比，自己活得太过简陋和苍白。

当然了，他也历过好多险。有一次从青海进藏，他在照相，在他不远处，就有一匹狼逡巡。事后，我问他怕吗。他说，没觉得多怕。我相信他话里的淡定自若。因为，经历了好多生死之后，遭遇一匹狼，不过是勇毅生命前行路上的必然组成部分，没什么好大惊小怪的。

朋友在南方的小城生活，生活中的他几乎没什么烦恼。他说，身边也有许多烂人烂事，但他从不把这些放在心里。

这就是丰富生命的回报：平素不会为琐碎纠缠，临大事却能举重若轻。

有一年，我们在北戴河小聚，我问了一个特别丑陋的问题：你每年出去，回来嫂子不让你跪搓衣板吗。我其实是内心险恶地忖度，他这样信马由缰环游世界会不会引起家庭不和。他一笑说，你嫂子什么也不说，只是强调，路上要多多注意。

这多像徐霞客的母亲。她就曾激励儿子："身为男子，志在四方，羁留家园，一如篱内小鸡，车辕小马。"在徐霞客的母亲看来，一个男人若一天到晚窝在家里，出息不会大。而像我这样差不多一年四季蜗居小城的人，真的没资格对朋友指手画脚。

曾教过个学生，人特别拧。上学的时候，语文课做数学，数学课做物理，反正是怎么别扭怎么来。有次自习课，我条分缕析，为他讲述这样做的坏处。令我想不到的是，他居然逐条辩驳，阐释他这样做的好处。当然了，结果是他复习了三年，才考上东北的一所高校。

毕业后，他漂在北京。先是在一家影音公司搞开发，后跳槽到另一家知名手机企业。在公司里，他的拧劲变成了"钻"劲，往技术深处钻，而且毫不惜力惜时，别人不加班他自己加班。为此，领导特别喜欢他，在公司里提升得特别快。

他的拧还体现在喜欢的事上。他是个足球迷，喜欢德甲联赛的拜仁慕尼黑队。该队一些重要场次的比赛，他甚至要飞到德国去看。既舟车劳顿又耗费金钱，别人问他值得吗，他说跟问“值得吗”的人探讨值得不值得，本身就不值得。

如果有属于自己的周末，他也从来不闲着。北京周边的那些山高林密的地方，他都走遍了。朋友圈里，他的图片是悬崖峭壁，是雪，是冻雨，是寒冷。他说，他愿意往奇绝处去，太温柔太温和的地方没意思。他的妻子，就是他在探寻险绝的路上认识的。他说，他爱上妻子是因为她烧得一手好菜。

其实，他是找到了志趣相投的人。

婚后，果真是夫唱妇随。两人一同飞慕尼黑看球，有时欧冠的重点赛事，还要飞到西班牙、意大利等国支持自己喜欢的球队。到了异域，除了看球，两人也绝不会错过当地的旅游胜地。一年到头，挣的钱剩不下多少，但他俩似乎并不在意这些。用学生的话说，钱是用来花的，不是用来攒的。更何况，要想攒钱，必须想办法多挣，仅靠俭省是攒不下多少钱的。回到工作中，两人都是工作狂。正所谓，玩的时候忘情地玩，工作的时候拼命地工作。相同的情趣让他俩走到了一起，共同的价值观又让他俩把生活经营得妙趣横生。

在我看来，这两人走到一起，就是各自找到了彼此值得的人。

无论是江南的朋友，还是漂在北京的学生，他们都是普通人。然而，他们的生活又极不普通。有时候我想，把生活过到枯燥单调，把一辈子过到一眼望到底，其实就是因为我们很少赋予自我的生活另外一种可能。

或者说，作为一个普通人，从来没有英雄梦想。就这样，枯守着重复的生活，一辈子下去，把生命过到单调苍白。

死党

死党，就是一起去河沟里游泳，被爷爷插住院门，拿着藤条追打而哭着喊着连连告饶，并保证誓死不再游，却趁着大人午休悄悄溜出，跑到水边鞋子一扔衣服一扔相顾哈哈一笑“扑通”钻入水中的人。

死党，就是一起逃课去看电影，还要趁乱浑水摸鱼不买票就潜进去的人。死党，就是上课一起玩闹被老师轰出罚站，却在走廊里挤眉弄眼相谈甚欢，老师后出来装模作样互打掩护的人。死党，就是因为打架差点被学校开除，自己也心灰意冷决计退学，而在背后推你一把并说“上吧，不上学咱们什么都不是”的人。

死党，一定是玩着尿泥一起长大的人，一定是相伴上过好多年学的人，一定是单位里厮磨过无数日子的人。然后，在漫长的岁月里，彼此被同化被感化，无论贫穷还是富贵，始终不

离不弃的人。

死党，是一起喝过酒，一起吹过牛，一起骂过不着调的上司，见过彼此最大酒量，也见过酒喝到酩酊大醉而“出溜”钻到桌子底下的人。死党，是你走了错路走了歪路，当头棒喝，把你骂个狗血喷头而你还得乖乖听着的人。死党，就是一起臧否他人，是其是，非其非，不避讳，不遮掩，有什么说什么，知无不言，言无不尽，三观高度一致的人。

死党，是你有了困难，要跟他借钱，可以张口说“我需要多少多少钱，下午就给我送来，一刻也不要耽误”，对方准时屁颠屁颠抱着钱来还满嘴“够不够，够不够”的人。当然了，死党也是有了钱连夜也不愿隔马上气喘吁吁跑到对方家里，把钱放在桌上举酒开怀畅饮喝到相拥而泣的人。死党，是你富贵了远远地看着你，你落魄时才走到你面前说“没事没事，还有我”的人。死党，是愿雪中送炭而未必喜欢锦上添花的人。

死党，是能跟你聊到深夜的人。死党，是把深爱过某人而未果的秘密只告诉你的人。死党，是愿意把自己的愚事蠢事烦心事难以启齿的事向你倾诉的人。死党，就是无论他说出什么，知道你都能为他保守秘密的人。

死党，是三年五载不见一次面，见了依然如故，任何他人也无法超越此种亲密关系的人。死党，是能一拍即合，也能心有灵犀不谋而合的人。死党，是各自独立，却可以通过感应而合体的人。

死党，是心性相融灵魂契合的人。两个自私的人，不会是死党。两个刻薄的人，不会是死党。两个圆滑的人，不会是死党。两个睚眦必报的人，不会是死党。两个斤斤计较的人，不会是死党。死党，看起来是简单地结合，但结合起来不简单，他们对彼此很挑剔，也很苛刻，是差一点儿都无法走到一起的人。

死党，一定有共同的坚守，也一定有相似的憎恶。他们能说到一起，能做到一起，能玩在一起，只是因为他们在情趣、审美和追求方面高度一致。因利益而结合在一起，利益在的时候看似是死党，利益不在之后就会是死敌；因臭味相投而形影不离的人，聚不过一丘之貉，散则猢狲奔逸，都不能算真正意义上的死党。

历史上，“义不食周粟”的伯夷和叔齐是死党，“高山流水”的俞伯牙和钟子期是死党，“桃园三结义”的刘关张是死党。真正的死党，都响当当，他们像一首歌，在这个世界传唱。

胃会记住它的哀愁

有一年，为了讲解郁达夫的《故都的秋》，我和同事去北京拍四合院和老胡同的资料，一家杂志社正好坐落在一处两进的四合院中。编辑部的邱老师一直是我的责任编辑，她说，院内的古树叶将落尽，柿子已红，颜色正好，你们来吧。

上午拍了要拍的内容，下午她领我们去香山。“公园里转转吧，这里或许也可能有你们要的东西。”邱老师说。于是，她在香山饭店的大堂等我们，我和同事直接去爬香山了。

晚饭是她请的，吃的是火锅。那是正宗的川味火锅，正宗的麻，以及特别正宗的辣。那天的火锅到底辣到什么程度呢？作为川妹子的邱老师都不住地打喷嚏，她一边擦拭，一边笑着说，不好意思哈。其实，当时我也辣得汗水哗哗的，只是咬紧牙关，不喊出来。

回宾馆之后，同事很快就呼呼睡了。没躺一会儿，我就感觉胃里不舒服，于是跑卫生间。回来刚刚躺下不多时间，又跑到了卫生间。那晚上，我跑多少趟卫生间，自己也数不清了。立竿见影的是，第二天起来，我便有点形销骨立。同事看我憔悴，惊问怎么啦。我便如实把昨晚发生的事叙述了一遍。

这下，轮到他吃惊，他摸了摸自己的肚子，说："我吃了一点儿也没感觉啊。另外，你跑那么多趟卫生间，我怎么不知道！"

唉，你个猪！

此后，我的胃就记住辣椒这个敌人。而且，似乎独记住一种叫"朝天椒"的小辣椒。我居住的小城有种小吃名叫驴肉火烧，店里的小咸菜中就有朝天椒，且腌制得色泽诱人。有时候去吃，耐不住诱惑，总要吃上一两枚。然而，吃了就不白吃，胃总会与此君打个热火朝天。最后，杀敌一千，自损八百，结果是我为它们的战争买单，直接卫生间见。

我总想，人吃一辈子山珍海味、五谷杂粮、七荤八素，总会为五脏六腑培养一些敌人的，在它们的打打斗斗中，我们也就老了。

还有一年，闹了很长一阵子咳嗽。某晚临睡前，我喝了一小杯止咳糖浆，也或许是在这之前还吃了一点儿其他甜食，结果悲剧了，睡梦中突然吐了出来。喝进去的那点糖浆如数奉还不说，卫生间凡漱之者三，口中亦不是滋味。

而胃，又记了愁。此后，只要吃点甜品，它就跟你过不

有时候，所谓的放开，

其实就是换一个方向抵达。

去。有一回去开笔会，自助餐，女士们拿的甜点多了，我们几位男士发扬精神，就帮忙吃了点。结果，很快就不行了。胃里开始“五十弦翻塞外声”，又是一番刀光剑影。朋友们看我不舒服，都问怎么啦，我连说没事没事。

你说，这事怎么说出口呢？说一个男人被一块甜点打败了？这也太惨了点吧。

有人建议说，以后吃甜食的时候，要吃点菜，菜是咸的，可以中和一下。我也不清楚是个什么道理，此后也便“谨遵医嘱”了。不过，效果还行，基本没闹什么幺蛾子，尽管个中究竟仍然不甚了了。

突然想起一件事情来。有一回，母亲去姐姐家，炕上坐了没多久，就说姐姐家的窗户有一扇没关严。姐姐说，秋天之后，窗户就没再随便打开过，一直严严实实关着呢。母亲坚持说，月子里落下病根，有点贼风，就会感觉到，错不了。

姐夫满腹狐疑地出了院，回来时，他笑了，说，嘿，真神奇，真有一扇窗没关严，有条细缝呢。

“身体不骗你，你让它吃过的亏，它都记着呢。”母亲说这话的时候，一点儿也没笑，样子很平淡。

可以别我而去，但不能属于别人

一个女孩，发了条“说说”，大意是说她从昨晚一直到现在，茶不思，饭不进，觉睡不着，心神不宁，痛苦得很。

原因是，前任结婚了。

其实，她跟前男友分手已经快两年了。虽然都在北京，但从未再来往过，甚至都没再说过一句话。两年很平静，分了就分了，还是各自过好自己的生活吧。

从此两不扰，相忘于江湖。

前任结婚的消息，是她辗转听来的。过往发生的所有，一幕幕浮现在眼前。通过的信，发过的誓言，一起吃过的饭，共同旅过的游，一桩桩一件件，像针一样刺痛着她。有人在评论区说，分就分了，干吗还要那么留恋。她回答说，按道理两年了，我都已经放下了，可我不甘心的是，我没有得到的人，真的不愿意让别人得到。

其实，这是一种隐性的占有——你可以别我而去，但你不能属于别人。

玛格丽特·米切尔的小说《飘》中，在女主人公斯嘉丽看来，她爱艾希礼，那艾希礼该爱的人是她，而且必须是她。于是，当她听说艾希礼要娶梅兰妮的时候，便亲自去找艾希礼，当她被艾希礼拒绝后，居然报复性地嫁给了梅兰妮的哥哥查尔斯。而且还故意把自己的婚期放在艾希礼与梅兰妮的前一天。

爱情是自私的。但对于品性原本自私的斯嘉丽来说，她对艾希礼的爱近乎扭曲。

《红与黑》当中，市长的家庭教师于连与市长夫人勾搭成奸，事情即将败露，于连要走了。这时候，有一个细节，市长夫人德·莱娜明明知道于连必须要离开，但她非常担忧。她担忧的是，于连离开后会把她忘掉。更重要的是，“会有人爱上他，他也会爱上别人”。

这就是占有。怕失去是一方面，重要的是，怕别人得到。

问题是，一旦得到了，结果会怎样呢？

有一个朋友，他和妻子的结合，就走了一段不同寻常之路。开始是双方父母反对，女方差点嫁入豪门，再后来一个在美留学的同学回来，女方差点又跟同学走到一起，总之，经历了无数的分分合合。后来，他俩走到了一起，十多年的光阴，他追得好辛苦，然而，婚后他们过得并不幸福。

就像斯嘉丽，后来艾希礼的妻子梅兰妮死了，自己的丈夫白瑞德走了，横亘在她和艾希礼之间的所有羁绊都没了。在这之前，她坚信，她一直深爱着艾希礼，但当一切都随风飘逝，她发现，其实她并不爱他。

也就是说，有些爱，只是为了占有。

配角没什么不好

朋友看着电视，不无感慨地说："你看，伴舞的那几个女孩多没意思啊。舞台上，聚光灯都在歌手身上，她们连个脸部镜头都没给。完了之后，她们下了台，掌声、名声都是歌手的，她们什么都得不到。"

"年纪轻轻的，干点别的不好吗？干这个，一点儿也不体面，真的没价值。"朋友依然喋喋不休。

我说："她们活得好不好，有没有价值，其实你说了不算，我说了也不算。任何旁人说了都不算。"

"那谁说了算？她们自己？！"朋友揶揄。

"我觉得，她们也不用说。只要这些女孩子活得高兴快乐，就是有价值。"我哈哈笑。

是的，一个人若自己活得热气腾腾，就会光芒万丈。哪里非要分什么主角配角，又岂可用有价值无价值来评判。

你总得离开点什么，
才会无限接近内心需要的东西。

想起村里的一个人，年轻时候随走村串乡的小剧团跑，说要跟着学唱戏。人家问他会什么，他说会打对镲。人家说，剧团不需要打对镲的。他不灰心，剧团到哪个村去，他就跟着去。后来，剧团没办法，收留了他，偶尔也让他打打对镲，他格外珍惜。

再后来，小剧团解散，县剧团收留了他，他成了正式打镲的人。他对鼓点节奏把握得特别好，对镲也打得响亮。团长很欣赏他，说，打对镲虽然简单，但很重要，打不好就会出洋相。他听团长的话，就打得格外用心，格外卖力。

后来，县剧团也解散了，他以为自己混到头了，收拾着回家。哪料到，省级交响乐团聘用了他。原因只一个，人认真，镲打得一丝不苟。在乐团里，有时候一场交响乐下来，两三个小时，打镲也不过需要两三次。就为了这两三次，他凝神屏气，全神贯注，随节拍行进在音乐中，从来不敢有半点怠慢。

即便这样，他很知足。“我娘知道我在省城上班，成天在乡亲们面前夸我。她说，我儿子就打几下对镲，一个月好几千块钱哩！就是为了让娘高兴，也要好好干。”他说起这事来，也一脸骄傲。

你瞧，自己愿干，老娘高兴，就是价值。

我常去游泳的地方，有几个小伙子，二十岁左右的样子，职业是救生员。他们隔一段时间就从高高的凳上走下来，把大家随意脱在泳池边的拖鞋摆放整齐了。红的女拖一排，蓝的男拖一排，有时候红的跑到蓝的阵营里，蓝的跑到红的阵营里，几个小伙子就把它们“揪”出来，再认真地摆好，仿佛要把这些拖鞋驯服一样。

有时候，泳池的某个边沿上，只有一双拖鞋，他们也绝不妥协。有一次，我亲见某“泳士”从卫生间出来，鞋几乎是从脚上甩出来的——纵身一跃，一堆肉身没入水中。很快，几个小伙子中的一位便急急地赶过来，像摆放艺术品一样，把两只鞋安排得舒舒服服的。

就像是某种“癖”——他们见不得鞋不规矩。

我们很受用。游几圈下来，聚在一起歇息的时候，总是感慨地说，这里的服务真周到。其实，所谓周到，就是这样一些闪着光的细节。譬如，把一双拖鞋摆放得整整齐齐。譬如，游完泳之后，淋浴的地方收拾得始终看不见一根头发。

受用的结果是显而易见的。同城的另一家泳池开张了，我们并不打算换过去，虽然据说那家的条件很好，价格也适中。说到底，这里有几个做事一丝不苟的小伙子们，有许多让人不舍离去的熨帖。

媒体上看到一个家政女工，一周七天要有六天睡在富人家里。她帮雇主家看孩子，给孩子喂奶，住最好的房子，睡几万块钱的床。屋内装饰豪华，室温一年四季控制在二十六度左右，每天的饭菜基本上都是美味珍馐。雇主家面积有一千多平方米，卫生间就有十二个。

人比人得死，货比货得扔。女工跟雇主相比，云泥之别，别说配角，简直就是草芥一枚。因为，她跟女儿去德克士吃一次汉堡，还要为花去一百块钱而心疼。然而，女工并没有怨天尤人，她就靠在北京打工挣的钱，供老家的两个女儿上学，而大儿女已经考上了上海的大学。

也许，在这个家政女工看来，她并不觉得她比那些曾经伺候过的雇主差。一个穷人，通过自己的努力，让子女成龙成凤，就是了不起的成功。

话题再回到文章的开头。那位朋友差不多也混到了类似雇主的角色上，挣很多钱，有钱就气粗。于是，也就居高临下，看哪儿都不顺他的眼。那一刻，他一定不觉得自己是上帝的宠儿，他觉得他就是上帝。

他也不过是物质世界的一个配角。只是，患上了指手画脚的毛病。

穷气

乡间有集。常有老妪，于零食摊上，借先尝后买之名，行占便宜之实。一条街尝过去，不花一钱，却得口腹之欲。有小孩随祖父赶集，也欲学着来，手刚伸出，被祖父打回，再伸出，再被打回。小儿不悦，归家后，愤而问祖父。祖父慨然曰：学之日久，易生穷气。

穷气是什么呢?

某校一生抄袭，监考老师发现后，十分惊讶。因为，这是全校所有顶尖高手集中的一个考场，太不应该了。于是，委婉提醒了一下。然而，该生依然不改，每答几分钟，就扭头瞄向周围的同学。

监考老师忍无可忍，把他轰了出去，并交给了年级主任。年级主任一看这名学生，苦笑，无奈地摇头。

原来，这个孩子经常有类似作弊行为。他抄，也不是不会，用他的话说，就是忍不住，总想跟其他同学对对答案。

某公司的办公室总是丢钱，是一些零钱。开始谁也没在意，毕竟三五十块钱的事，不值得大惊小怪。后来，总是丢总是丢，成了一个谜，大家都觉得奇怪和纳闷儿。

一个大办公室，十几个人，会是谁呢？无论大家猜疑到谁头上，都觉得不应该。一来，现在生活条件好了，谁还在乎这几十块钱。二来，尽管大家的零钱都随便扔在抽屉里，但拿走总得找一个合适的机会吧，会有谁为这个还要等到夜深人静月黑风高？

逻辑上无论多么讲不通，但事实是，大家的钱，依然说丢就丢了。

直到有一天下班，有人临时返回办公室取东西，发现一同事正神色慌张地翻别人抽屉。更令人想不到的是，这位“小偷”从小在殷实的家境中长大，从来没缺过零花钱。她老公当下也正开着一家海鲜水产批发店，年入几百万，钱可以随便花。后来，她道出的缘由令人啼笑皆非。她说，看到别人的钱在那里放着，如果不拿走，就会心里痒，难受。

有个日进斗金的土财主，喜与别人比富。别人买好车，他就买豪车，别人买房，他就买别墅，还四处张扬显摆，生怕人不知道。一次赌博，某富人出手也阔绰，一掷千金。他急了，干脆把钱撒在赌场里，让人哄抢，然后头也不回扬长而去。

然而，就是这么一个人，有回妻家的一个亲戚，实在过不

深刻，是走在了别人的前面；

深重，是踽踽独行，一个人甘苦备尝。

下去了，苦哈哈地来朝他借钱。财主沉吟半天，说了一些不容易之类的话，然后一分没借，就把亲戚打发走了。据说，财主为此常跟媳妇吵闹打架，还说坏了他的风水，日子过得一地鸡毛。

穷气，就是人性中的小，成了生活中的习惯。这样的人，在精神天地里，气象蜷曲，少一点高贵，少一种开阔，少一种大气。无论他们多么殷实和富有，给人的感觉缩里缩气，缺少畅快感和通透感。

其实，文章开头那个小孩的祖父，最后还厉声甩下这么一句话：

有穷气的人让人看不起！

生活里的种种不服

有些人是最服管的，也是最不服管的。

上海发生一件事，说某女人坐地铁，一个人坐两个座位，有人看不惯，委婉指出，她振振有词：我就这样坐，我怎么舒服怎么来。——这就是典型的不服管。一来，你管不着我。二来，规则从来都是约束别人的，这点事用不着你们给我上纲上线。

一个学生顶撞老师，骂骂咧咧情绪激动。问及缘起，学生迟到了。按道理来讲，老师批评几句也无可厚非，但学生的理由是：他又不教我，凭什么管我！

生活中，这样的例子比比皆是。事情的对错先放在一边，你管不着我，我就不服你管。中国人似乎只服能收拾了自己的人，太监巴结皇帝，太监有了权，权倾一方的地方大员就去巴结太监。谁掌握着自己的身家性命，我就听谁的。

几千年的文化，我们不是被规则熏陶过来，而是被专制压制过来的。规则是没意义的，因为规则也听命于专制。这样压制的结果，不是每个人变愚变傻了，而是变精变奸了，一个个走向了圆滑和世故。比如，县官不如现管，就是典型的精明和市侩。是啊，山高皇帝远，你管不到我头上，皇帝老子我也可以不听你的。——说到底，这样做的核心不是最终听命于谁，而是最终谁的也不听。

长期活在规则下和听命于某个人，气质是不一样的。因为规则是死的、客观的、中立的、公允的，而人是活的、主观的、有好恶、有偏向、有私心的。前者颐养的是刚直中正之气，而在后者那里苟且久了，会生奴颜长媚骨养奸邪之气。一个社会，规则不起作用的时候，人性和人心中坏的东西就会甚嚣尘上。人心介入太多的地方，简单会变得复杂，人性介入太多的地方，道德就会崩乱。

乡下老婆婆吓唬啼哭的婴孩，常会用到两样，一是凶残狰狞的动物，一是凶巴巴的官吏。只要锐声喊上一嗓子，别哭了，你看村长来了，孩子会突然止住哭泣。在很小的心灵里，就会被类似村长的长官威势所胁迫。这些管着自己的人，在生命中终成阴影，绵亘于岁月，挥之不去。

我们的文化里，充斥着太多狡诈的东西。正史野史中遍布阴谋阳谋，臣属同僚之间免不了蝇营狗苟。一个人在这样的文化里长大，到最后，长得最多的是心眼儿。历史上，有的人凭着心眼儿多而活到游刃有余大红大紫，也有人因为心眼儿少心眼儿实而被贬官被流放甚至成为刀下冤魂。

如果说在上司那里是出于无奈的话，那么，琐碎生活里的种种不服，便是出于秉性了。你发现，有些人，你劝诫他，他认为你啰唆。你给他讲道理，他的道理比你还多。即便他真的理屈词穷了，还要指斥你道德绑架，一副心口皆不服的样子。

这也不难理解。人是自私的，而自私的本质就是自我纵容。纵容是什么意思呢？就是他不单单要个人自由，还要超越于别人的自由。

一个社会，如果民众人格独立且免于忧患，差不多就会有发自内心的自我管理。如果同时能有崇高的信仰相伴，就会产生灵魂的整肃。因为头顶有所照耀，所以前路有所引领，人性中阴暗的东西渐次消失，只剩下规则，矮如篱笆，上面遍布绿植，温暖光明。

无趣是因为无真

装着或端着的人，从来都不会有趣味。

无趣的原因是：无真。

1984年的东德，秘密警察无处不在。电影《窃听风暴》说的就是这一时期，国安局情报员维思勒，负责窃听一位作家，他忠于职守而又冷酷无情。后来，当他流露出人性之真的时候，此前的冷酷便一下子有了美感。“竹林七贤”之一的刘伶，喜醉，一天到晚让仆人扛着把铁锹跟在身后。还说，死便埋我。——就这么率真！这时候你看到的，不再是醉鬼，而是魏晋风骨。

是真名士，自风流，也自生大趣味。

我们的文化里，有一个词叫“冠冕堂皇”，就是对那些故意装到庄严正大的人的讽刺。显然，这样的人于古有之，也显然大家对这类人从来就没有过好感。常听的一句话：他还真把自己当根葱了。紧接着的另一句话是：你就是根葱，大家都懒得切你。

其实，装的人也很痛苦。认识这样一个名人，他每天要穿固定的衣裳，出没在固定的场所，说固定的话，连举手投足也是固定的。他说，他就像一个被每天摆出来的泥胎，根本不能有自己的一点儿想法和自由。但他又不想回到过去，因为名人的光环，太体面，太荣光，他舍不得丢下。

世俗的社会是崇拜高端的，于是也就有人趋之若鹜。问题是有的人装着装着，未必征服了别人，却先弄晕了自己，别人信不信，自己先信了。于是，沐猴而冠，也就觉得真成了人物，开始居高临下指手画脚了。有一个笑话，说一个人长年在景区扮皇帝，领着一班文武大臣表演，有一次回家后给媳妇发圣旨，还颐指气使，作威作福，结果被媳妇揍了一顿。一个人，无论装什么装久了，难免入戏太深，面具不好摘下来。

张艺谋拍摄《山楂树之恋》，为找一个眼神清纯的女孩，星探在全国各地找啊找，费了很长时间，才找到一个周冬雨。喧嚣的社会，纯的东西真的越来越少了。也因此，特别喜欢一个叫王二妮的民歌手。除嗓音亮丽外，从穿着到面相再到内心，你会发现，她都有着和民歌一样的朴实和干净。

一切，自然的便是最好。哪怕是人格的高度。

晋武帝的时候，有个人叫胡质，官居荆州郡守，十分廉洁。儿子胡威自京城去看望他，连车马童仆也没有，是一个人

骑着驴去的。胡质手下有个都督，想巴结这位公子哥儿，在返程的路上，制造“偶遇”，时时处处照顾小胡。小胡觉得不对劲儿，就向父亲汇报了这个情况，父亲一查，发现是手下干的，结果鞭打都督一百，还撤了他的职。

后来，胡威也做了官，也十分清廉。有一次，晋武帝问胡威，他和父亲谁更清廉。胡威说，当然不如我的父亲了。我的父亲清廉，自然而然，生怕别人知道。而我清廉，唯恐别人不知道。就凭这一点，我不如我的父亲啊。

把小胡的意思再延伸一些，他大概想说：这个世界，大凡刻意想让别人知道的，就容易有演戏的成分了，假惺惺的，一点儿意思也没有。

先生，你好

算起来，给《河北日报》“布谷”副刊写稿，也已二十多年了。

发第一篇稿子那会儿，还在上大学，我记得是首散文诗，是作为头条刊发的。还记得，题目是竖排，我的名字紧挨在题目的右面，文章也就巴掌大，我站在市报社张挂报纸的橱窗外，一字一句地读了好多遍。心想，好家伙，我的文章上了省报了，全省人民应该都读到了，这下，我该出名了吧。

哈哈，那会儿也浅薄得可以。

作为头条刊出，这于我一个名不见经传的小作者，简直有点受宠若惊。过了没几天，报社就寄来了样报，里边还有一封信。信很特别，是竖排红格的宣纸信笺，上面有几行毛笔字，字写得很俊逸。大意是：马德先生，你的XX文章发表了，希望你再接再厉，写出更好的文章来云云。落款是：桑献凯。那时候，我的责任编辑是桑献凯老师。

我随即写信纠正桑老师的一个错误。大意是说，我还是一个学生，不是先生，岁数还没有那么大云云。附在一个稿件里，寄给了桑老师。后来，又一篇文章发表，他又给我来信，题头还是“马德先生”。我便有些气愤，明明跟他说我不是先生，岁数没那么大，他还这么执拗。于是，我又回了一封信，言辞恳切之余，略有些愤然。桑老师显然没有理会我的愤慨，后来再写信，依然是红格纸上俊逸的毛笔字：马德先生……

我曾经给好多人讲过这个故事。我说，如果那时候桑老师告诉我，先生是一个敬词，跟年龄和性别没有任何关系，那样我将多么尴尬和无地自容。他或许觉得，岁月会让我从无知走向有知，从青涩走向成熟，从而发现自己和认识自己。他像一位长者，悄悄隐在岁月背后，不说穿，不道破，以此来呵护一个毛头小伙子的懵懂。

这么多年了，我还从未见过桑老师。那些美好的信件，也没有留存住。我想，人生遇见的好多人，尽管素昧平生，尽管此后再难相见，但在心底里，他们像大哥一样，照亮在人生的前方，是真正可以称作先生的人。

借一堑，长一智

《清稗类钞》中有一个小故事，说大清朝的时候，有一个御史凭借清正的节操有名于当世。一天，大宴宾客，见席间有一女子略有殊色，心旌颇为宕动。筵席散后，他命仆人去唤那个女子。仆人走后，他突然后悔，心想，我不能因此而玷辱了自己的名声啊。于是，赶紧命人把仆人叫回来。不料，仆人即刻从屏风后转了出来。御史大惊，问，你没有去吗。仆人说，在下侍奉大人好多年了，知大人不过是一时妄念，大人一定会后悔的，因此藏在屏风后，等着大人喊我呢。御史特别高兴，重重地赏赐了仆人。

御史一直以此为鉴。他常说，事虽未发，教训可借。此后，清正的名声一直保持到终老。

常言道“吃一堑，长一智”，御史“一堑”未“吃”，却“借一堑，长了一智”。是的，生活中，何苦非要去“吃一堑”呢？一个“吃”字，太被动，太沉重，太潦倒，人生小小一叶舴艋舟，又怎能载动这“一堑”的愁！因为，吃一堑，就意味着吃亏，吃苦，吃悔，吃痛。有时候，还要吃到吃不消，人生为此悲苦，命运为此浮沉。

“借”就不一样了，显得主动，灵活，通透、洒脱。从“一吃”到“一借”，人生境界四开，豁然开朗。人，不要碰得头破血流才想着回头，不要走到走投无路才想着另辟生路。“借”的意义在于，眼光变了，方式变了，在别人的错误里，绕开自己的错误，在他人的得失里，看到自我的得失。

借一堑，长一智。这一借，不是狡猾，也不是畏惧。在前行的路上，有必须要趟的河，有必然要走的路。规避风险，不是畏惧风险，而是为了降低人生的成本。我们注重成本核算，也不是活到了狡猾，而是活到了清醒。知道生活中，有些路要迎难而上，有些路可巧妙绕开，不盲从，不鲁莽，不武断。长一智的结果，不过是一个人活到最后，活得稳妥、睿智而从容，不温不火，不急不躁，风烟俱静。

从吃一堑到借一堑，看似只是一种选择的跨越，其实是智慧的延展。从理论上看，与其亡羊补牢，不如未雨绸缪。从情趣上看，与其胶柱鼓瑟，曲调难成，不如纤云弄巧，借取一曲小清新。

吃一堑，得一船，也不过渡曾经沧海罢了，而懂得了借一堑，人始终在岸上，沧海无边，你却恬然走过。

遇上贵人与遇上坏人

北宋嘉祐二年，苏轼考中进士。他在策论《刑赏忠厚之至论》中，举了这样一个例子："当尧之时，皋陶为士，将杀人。皋陶曰杀之三，尧曰宥之三。"判卷官梅圣俞也算学富五车了，却从未听说过尧与皋陶有如此之对白，翻了半天书也未及见。

一日，他将心中疑惑问及苏轼。苏轼一笑说，那是我编的。

同样这么任性干过的，还有三国时的孔融。曹操攻下邺城之后，烧杀抢掠，连袁绍家的女人也没放过。曹操的儿子曹丕，就私纳了袁熙的妻子甄氏。孔融有些看不惯，就给曹操写了封信，信中言及"武王伐纣，以妲己赐周公"事。曹操看到这儿之后，有些不明白。因为，他没听说过周武王还干过这件事，回家翻书也没找到。于是，他就去问孔融。孔

融的回答是："以今度之，想当然耳。"意思说，以现在攻入邺城你们曹家父子的所作所为来推断，武王差不多也这么做过吧。

曹操一听，嘿，原来孔融你小子是编一个故事来讥讽我家啊！

这两件事，如出一辙。但后人谈及，感觉却大不一样。前者可谓美谈，后者却难免沉重。原因是，当苏轼把真相道出后，梅圣俞一笑而过。不仅如此，梅圣俞以及当时的主考官欧阳修都特别欣赏和推崇苏轼，把他的试卷判为第二名。欧阳修甚至如此乐观地预见苏轼的未来，"此人可谓善读书，善用书，他日文章必独步天下"。林语堂在他的《苏东坡传》中还写到，"欧阳修有一天对他的儿子说：'记着我的话，三十年后，无人再谈论老夫。'"他的言外之意是，将来的文坛必将是苏轼的天下。

孔融就没有这么幸运了。因为，他把故事编给了曹操。后来曹操找了一个借口，把孔融给杀了。当然了，孔融是跟曹操作过几次对，虽言语也侮慢，但其所劝讽，都不无道理。那么，曹操杀孔融的真正原因是什么呢？《后汉书·孔融传》是这么说的："操疑其所论建渐广，益惮之……虑鲠大业。"大意是说，曹操怕孔融说得太多，妨碍了他的大事。

苏轼与孔融，学问都足够大，但人生际遇却大相径庭。一个遇上了贵人，一个遇上了坏人，一个一瞬间花开，一个一瞬间寂灭。任性的知识分子的幸运和不幸运，跌宕与浮沉都在这际遇里。

坏人和贵人的区别就是心胸。遇上坏人与遇上贵人的最大不同之处是：前者让你无路可走，后者却为你铺设出无数条路。

明白人不听耳边风

在古代，如何治理那些吹耳边风的人呢？齐威王的做法值得说一说。

据说，齐威王主政之后，简政放权，把大小事情都下放给卿大夫们去做，自己做起了甩手掌柜。

有一段时间，不断有身边人说即墨大夫的坏话。威王不声不响，先是派了一个工作组到即墨暗访。材料搜集得差不多以后，才把即墨大夫召来。齐威王说："自从你到即墨任职之后，诽谤你的话每天都要传到我的耳朵里。"即墨大夫一听，当时就吓傻在那里。威王话锋一转，又道："不过，我派人到你那里视察，看到的景象是，土地得以开垦，老百姓丰衣足食，官府里没有一件积压的事，整个齐国东部，因为你的治理，而得以安宁。"话说完后，齐威王非但没有惩治他，还封给他食邑一万户。

对于这个处理结果，齐威王的解释是：“子不事吾左右以求誉也。”也就是说，即墨大夫不是靠奉承国君左右的人来求得赞扬的人。威王精着呢，在他看来，这样的官一心做事，不搞歪门邪道，才是真正的好官。

无独有偶，齐威王每天都听到有人在他耳边说阿县大夫的好话。于是，他又派出一个工作组。暗访回来的情况是：阿县当地田野荒芜，百姓生活困苦，甚至有一次赵国军队攻打其属地薛陵，阿县大夫竟然不闻不问。领导一生气，后果很严重。齐威王对阿县大夫的处理意见是：烹之。而且，把曾经在他耳边经常吹捧阿县大夫的人列为同案犯，“并烹之”。

齐威王的推断是，这小子一定是“以币厚吾左右以求誉也”。即用钱买通了上上下下，才有那么多人为他说好话。

这两件事之后，齐国的官吏们再也不敢说浮夸不实的话了，每个人都力求实在诚信，用《史记》的原话就是“人人不敢饰非，务尽其诚”。从此，齐国得以大治。

这个世界就是这样，你敢昏庸，身边人才敢不着调。齐威王是个明白人，他的高明之处是，你若忽悠，我便调查，不给身边人以任何糊弄自己的机会。这样，耳边风也就得以禁绝。

论面相也不跟着你

越王勾践称霸不久，大夫范蠡就跑了。一句话，老子不跟你玩了。

范蠡跑到齐国，突然想起一同辅佐勾践的大夫文种。于是，他写了一封信，大意是：飞鸟尽，良弓藏，狡兔死，走狗烹，哥们儿，你也赶紧跑吧。

范蠡接着拿勾践的面相说事，“越王为人长颈鸟喙，可与共患难，不可与共乐”。意思是说，咱们的主子长脖子鹰钩嘴，像这样的人，共患难可以，倘若得了天下，根本就没法跟他一起快乐地玩耍。

文种深以为然，此后便称病不朝。不久，便有人诬陷他要谋反。果不出所料，很快，勾践就给文种送来一把剑，说：“子教寡人伐吴七术，寡人用其三而败吴，其四在子，子为我从先王试之。”翻译过来就是，小文啊，你教给我七种破吴的妙术，我只用三种就把吴国打败了，剩下的四种，你带着这把宝剑到九泉之下在我先人那里试试吧。

就这样，逼迫文种自杀了。

有一个叫缭的人，从魏国的大梁跑到秦国，为秦王献计。嬴政以最高礼遇待他，吃的穿的都跟他一样。但这个人后来竟然跑了。嬴政一听说他跑了，赶紧把他追了回来，但并没有杀他，依然以最高规格礼遇他，还让他做了秦国最高军事长官——国尉。

尉缭为什么要逃跑呢？他被嬴政的面相给吓着了。他说秦王这个人“蜂准，长目，鸷鸟膺，豺声”。这是个什么德行呢？就是：高鼻梁，细长眼，胸脯像猛禽，声音像豺狼。这样的人往往刻薄而少恩，心如狼虎。穷困时可以身居人下，得志之后便会反口咬人。最后，尉缭得出的结论是：“不可与久游。”意思就是，这样的人，你不能跟他长久交往，否则，纯粹就是找死。

于是，才有了上面逃跑的那一幕。

想起一个朋友来。有一次他跳槽，故意去找上司的茬。上司说，我平时待你不薄，你为何还要走。朋友怒曰：就凭你尖嘴猴腮，脑袋长得像个驴粪球的样，老子也不想伺候你。我说，你这样说人家也是太刻薄了。朋友说，不怨我刻薄，这小子平素道貌岸然，其实背后尽冒坏水，这样的人，不必对他客气。

天下多少拿面相来说事的人，说的其实都是面相背后的人性啊。人性太差了，面相才看起来如此不经推敲。

刁民猛于虎

据说，海瑞断案的时候，有一条原则是："事在争产业，与其屈小民，宁屈乡宦，以救弊也。""海青天"这条原则的大体意思是，凡是涉及财产的诉讼，双方如果一方是老百姓一方是官吏，他永远站在老百姓这一边。

这条原则的好处是，很好地保护了老百姓。但坏处也是明显的，纵容了钻空子的刁民。

偏袒弱者的原则，是善良原则，但未必是公平原则。难怪黄仁宇在《万历十五年》中，也并不赞成海瑞这样做，毕竟，"个人道德之长，是不能补救组织和技术之短"的。

刁民未必面目狰狞。也就是说，你是不容易看出来的。吕布就上过刁民的当。吕布占了徐州之后，袁术要跟他结亲，当地一个叫陈圭的人，跑去告诉吕布这是"疏不间亲"之计，吕布感激涕零，以为遇上了大善人。后来，每每酒宴，陈圭和他的儿子陈登，都要吹捧吕布一番，吕布十分受用。

谋士陈宫曾告诫过吕布，说“陈圭父子面谀将军，其心不可测，宜善防之”。陈宫的意思很明白，这父子俩不是什么好东西。但吕布不这么认为，还骂了陈宫一顿：“汝无端献谗，欲害好人耶？”

结果大家都是明白的，陈圭陈登父子设计陷害，让吕布丢了徐州。退到下邳后，内外交困，吕布遂有殒命白门楼之祸。

《水浒传》中的王婆是什么人，有一个细节表现得很清楚。西门庆被潘金莲的叉帘竿打中之后，特别想知道潘是谁家的女人。西门庆便去和隔壁开茶坊的王婆打听，王婆只说是县前卖熟食的，便让他猜。西门庆道：“莫非是卖枣糕徐三的老婆？”王婆摇手道：“不是，若是他的，正是一对儿。”西门庆道：“可是银担子李二的老婆？”王婆摇头道：“不是，若是他的时，也倒是一双。”西门庆又道：“倒敢是花胳臂陆小乙的妻子？”王婆大笑道：“不是，若他的时，也又是好一对儿。”你看这一番对话，话里话外，王婆都意在暗示武大郎与潘金莲不配是“一对儿”。这为接下来西门庆促成苟且之事，在她这里，做好了铺垫。

王婆的坏，就在这里。连王婆自己都说，她开茶坊不过是个幌子，她“会做媒，会做牙婆，会抱腰，会收小的，会说风情，会做马泊六”，总之，男女之间伤风败俗之事她都会。自然，她懂“潘、驴、邓、小、闲”也就不足为奇了。

别说武大郎，无论是谁，碰上这样的邻居，都算是倒了霉。王婆也不是不知道武大郎有个打虎的猛兄弟武松，但她依然如此胆大包天。施耐庵先生这么安排，大约是想以此告诉世人：刁民亦可猛于虎！

真正的逍遥

据说，东晋高僧支道林对庄子的《逍遥游》有着独到的理解。

王羲之起初很看不上这个人，常跟别人说，他不过是一个狂僧罢了，有什么值得炫耀的呢。为此，他还当场刁难过支道林。结果，支道林随即发表了洋洋洒洒数千言的议论，角度新颖，才藻警绝，王羲之当时就服了，“披襟解带，留连不能去”。什么意思呢，就是说放下了架子，为多多听到支道林的见解，盘桓着，久久不肯离去。

这件事记载在《太平广记》一书中。支道林认为，“各适性以为逍遥”这种说法是错误的。他接着举例说，夏桀和盗跖都是以残害百姓为其本性的，如果让这些人也去顺应自我的本性，这也能称之为逍遥吗？

支道林幼时曾经与师傅讨论过一个问题，他认为生吃鸡蛋不能算杀生，为此师徒二人争执不下。师傅见不能说服他，不一会儿就拿来一只鸡蛋，然后扔在地上。结果，鸡蛋破碎后，从里面爬出一只幼雏来。支道林“乃感悟，由是蔬食终身”。

这个故事，也恰好回答了只是顺应自我的本性，有多么不靠谱。

对于一个人来说，做事能顺着本心本性去，自然可落得个己身逍遥。然而，这样的逍遥，太自我。自我的背后，是狭隘，容易跟着自私自利。真正的逍遥，是辽阔。这个世界所有的辽阔，都是从他人的角度起步的，放过了别人，才能最终放过自己。

知

唐贞观元年，李勣担任并州总管。当时，并州的参军事是张文瓘。李勣常跟别人说，张文瓘将来必成大器，我不如他。于是，平素总是以特别的礼遇待他，重用有加。

一同被李勣器重的，还有两个下属。后来，李勣将要入朝做官，分别赠送这两个人一把佩刀和一条玉带。唯独张文瓘，他什么也没有给。对此，小张不免有些郁郁寡欢。

临行时，张文瓘一直把老上级送至二十里外。李勣说，千里相送，总有一别，你送得这么远，一定有什么要说的吧。张文瓘迟疑了一下，道出了胸中的郁闷：同样是您的下属，他们二人都得到了您的赏赐，而您好像把我忘了一样，因此心中不安。

李勣一听笑了，说，他俩其中的一个做事优柔寡断，所以我赠送以刀，提醒他做事要果断；另一个人呢，有些放荡不羁，所以赠送他带子，警醒他做事要检点，懂得约束。而你呢，之所以没有送任何东西给你，是因为你真的不用我嘱咐什么。

这件事出自《太平广记》。李勣为什么这么看好张文瓘呢？李勣认为他“宏才特达，无施不可”，意思是说，张文瓘才能广博、心性通达，凡事都可以办得十分妥当。自然，老上级十分放心。也正如他所料，张文瓘后来果然一步一步成了唐朝的宰相。

刘向在《说苑》中记载了这样一个故事，说梁州有一个叫韩伯俞的人，“性至孝”，如果有什么过失，母亲就会杖打他，但他每每“跪受无怨”，从来不喊一句疼。

有一天，因为一件事，母亲又杖打他，他突然号啕大哭起来。母亲觉得很惊讶，儿子受不了疼痛，难道变得没出息了吗？于是，她问儿子缘由。伯俞说：以前您打儿子，很疼，儿知您身体康健，而今，您打儿子，已经不再疼痛了，由此知您气力已衰，只恐您来日无多，所以悲泣。

一个人，因为知你，才跟你没有客套，也不来虚的假的；因为爱你，才会杖打在他身上，他却想着你的衰老与疼痛。

知与不知，其实说的还是心的距离啊。

民间打黑不靠谱

金眼彪施恩靠着孟州牢城营当管营的父亲，在快活林开了家酒店，生意十分红火。但没多久，就被蒋门神抢了去。论拳脚，蒋门神固然厉害些，但真正让蒋底气足的是他的黑后台，地方军事长官张团练。

武松杀嫂之后，被押解到孟州牢城营，在准备打一百杀威棒的时候，施恩见武松是条好汉，觉得出头的机会来了。他好吃好喝伺候着武松，想依靠武松的力量，把失去的一切重新夺回来。武松自也给足了面子，对施恩说："凭我胸中本事，专打天下硬汉，不明道德的人。我如今便和你去，看我把这厮像大虫一般结果了他，若打死了，我自偿命。"

那天，武松连吃了几十碗酒，仗着酒劲，把蒋门神打到跪地求饶。他让蒋答应下三件事：第一件，归还所抢酒店并一应财物；第二件，给施恩道歉；第三件，滚出快活林，从此再不要回来。蒋门神真的答应了，而且也真的滚远了。

就这样，一个监狱长的儿子，领着一个犯人，黑吃黑，把蒋门神赶跑，把酒店重新夺了回来。施恩尽管是官二代，从此也得敬着武松。事情明摆着，他没有这么一个得力的打手不行。

然而，好戏才刚刚开始。不久，孟州府的张都监派人下来，说要征调武松去。施恩自是不敢阻拦，张都监是他父亲的上司，他不能惹。当然了，武松也十分乐意去。一个囚徒，能够受到这么高的上司赏识，鞍前马后，也风光无限。

八月中秋，张都监宴请武松。几杯过后，张都监一指丫环玉兰，说："此女颇有些聪明伶俐，善知音律，极能针指，如不嫌其低微，择了良时，与你做个妻室。"那一刻，武松简直受宠若惊，如此被赏识，又如此受厚待，不由得多喝了几杯。

三更时分，武松醉得迷迷糊糊，听得后堂里有人喊捉贼。武松想，都监相公如此爱我，我如何不去救护？提着哨棒，赶到花园去寻贼。哪料，贼没寻着，自己却被绊翻，捆了个结结实实。众人都喊他是贼，他急得有口难辩。本以为张都监会救他，不曾料，都监大人突然翻脸不认人，大骂："贼配军，休要耍赖，且押到他房里，搜看有无赃物。"果然，在他房间的柳藤箱子里，竟搜出了一二百两赃物，武松见了，当时就目瞪口呆。

至此方知，原来这是一场密谋了许久的陷害。之后，武松被打入孟州大牢。再之后，从探监的施恩那里获知，蒋门神被打之后，伙同张团练买通张都监，才商量出这条计策来。而且，孟州官府从知府到节级（牢头）一应上下，已都被蒋门神贿赂。看来，他们不除去武松决不罢休。

又一出典型的黑吃黑。

这种情况下，施恩是救不了武松的。施恩的父亲老管营也无能为力。毕竟，孟州府这个地界上，管着自己的都是爷，个个都惹不起。更让他们无奈的是，武松被抓不久，蒋门神就带了一帮打手回来了，非但又把快活林的酒店夺了回去，还把施恩打了个卧床不起。

施恩这里，恐怕再来一个武松也救不了他。最可怕的不是蒋门神，而是蒋门神背后的张团练张都监们。最大的黑帮，是藏在黑帮背后的黑官吏。因为再大的英雄，再高的武功，也终难胜极权。尽管《水浒传》用英雄主义的手法，让武松后来大闹飞云浦，血溅鸳鸯楼，杀了张都监张团练蒋门神等一十五口人，其实也难掩个体对抗黑势力的苍白无力。

靠民间英雄是打不完黑官吏的。真正的黑官吏是制度消灭的。

身体康健是一切的根本。

然后，还要精神明亮。

给情感，不如给情义

对于招揽笼络人才，刘备喜欢咬定青山不放松。一哭二闹三上吊算不上，至少，走的是一条一哭二泣三落泪的终极情感路线。

刘备第一次见赵云，是在袁绍攻打公孙瓒的战场上，他去救场。其时，赵云刚刚弃袁绍而投奔公孙瓒。这一次见面，刘备对赵云的感受毫不掩饰，竟“甚相敬爱，便有了不舍之心”。

等到袁绍与公孙瓒两家讲和之后，刘备与赵云分别，执手垂泪，不忍相离。赵云说，我以前误认公孙瓒为英雄，今观所为，亦袁绍等辈耳。你猜刘备说什么？按道理讲，公孙瓒还有恩于刘备呢，但为了得到赵云，他什么也不管不顾了，居然来了一句：“公且屈身事之，相见有日。”意思是说，你且在公孙瓒这里委屈一阵子吧，过段时间，就来投奔我，跟我混。其夺爱之心，毫不遮掩。然后，眼泪哗哗哗的，一番刘备式的告别。

后来，曹操攻打徐州陶谦，刘备去搬救兵。在说服孔融之后，刘备便直奔公孙瓒处。公孙瓒答应借给他马步军两千，刘备哪里看得上这两千人马，他是奔赵云赵子龙来的。在得到公孙瓒的允许后，刘玄德带着赵子龙去救徐州。虽然，最后曹操不战而退，救下了徐州，但此役最大的赢家是刘备。除了得到了徐州的小沛，有了立足之地外，更重要的是，进一步加强了与赵云的情感沟通，为后来赵云最终投奔他埋下了伏笔。

谋士徐庶是刘备在荆州新野时遇到的。徐庶的第一仗，就把樊城的曹操大将曹仁和李典打了个落花流水春去也。刘备高兴得心里开了花，觉得有徐庶取天下可以无忧矣。

然而，曹操也不是省油的灯。曹仁李典汇报完战况之后，他第一反应就是要得到徐庶。曹操听程昱之计，先把徐庶的母亲骗至许昌，好生伺候。然后，程昱模仿庶母的笔迹，给徐庶写了一封信，大意是要他来许昌以全孝道云云。徐庶接到母亲的信后，放声大哭，知自己不得不去。

刘备在这件事上也没办法。临行之时，设夜宴款待徐庶，难舍之情溢于言表。刘备的老套路又来了，不下一箸，只是哭。就这样，两人相对而坐，整整哭了一宿。第二天，长亭相送，刘备说，先生此一去，我活得也没什么意思了，只好远遁山林了此残生了。徐庶惶恐，自是一番相劝，并许诺终身不为曹操设一计。但刘备依旧恋恋不舍，哪里肯放手，送了一程，又送了一程。徐庶策马而去，一片树林挡住了他目送的视线，刘备情急之下，居然命手下把树木全部砍光。

后来，徐庶回马荐诸葛于刘备，与他的深情相送不无关系。而且，徐庶还怕诸葛亮不出山，亲自去拜见了诸葛亮，一番盈盈苦心回报刘备。之后，才有了“三顾茅庐”这史上最著名的一出戏。

如果刘备是喜欢前期铺垫的话，曹操则是喜欢在结局上做文章。大将典韦救自己而死，曹操在葬礼的规格上，远高于一同死了的儿子曹昂以及侄儿曹安民，而且封典韦的儿子典满为中郎，收养在府。官渡之战后，他追击袁绍的儿子袁尚和袁熙一直到辽东。为此，谋士郭嘉死在路上。远征辽东回来后，他做的第一件事，就是把郭嘉隆重安葬，还表赠郭嘉为贞侯，收养他的儿子郭奕于府中。他的另一个谋士许攸，在帮助他夺得冀州之后，因口出狂语，被大将许褚杀死。在处理这件事上，曹操一边为许攸开脱，说他不过是故意开玩笑罢了，一边只是简单责备了许褚几句，然后厚葬了许攸。于活人于死人，于文臣于武将，曹操都处理得老练得体。

袁绍讨伐曹操时候，曾命主簿陈琳写了一篇檄文，把曹操祖宗三代骂了个狗血喷头。为此，曹操差点气死。袁绍失败之后，曹操抓住陈琳，问及为什么痛骂自己的祖宗，陈琳的解释只有一句话：箭在弦上，不得不发。然而，就是这么一个差点气死他的陈琳，曹操最后竟然放过了他，还任命他为从事。

曹操的做法，给追随他的人的最大感受是，这个人够义气够哥们儿，跟着他，让人心里有底！

从人才的投资方向看，刘备注重的是，只要你跟我干就好；曹操注重的是，只要跟我干就让你不白干。刘备喜欢把事做给当事人看，曹操喜欢把前人的事做给后来的人看。所以，刘备哭的时候多，这是走情感路线的人的唯一办法；曹操笑的时候居多，除了底气和霸气之外，或许，他早已懂得，这个世界可以拿什么征服人心、笼络人心。

老大的深度

曹操拿下荆州以后，最大的对手便是孙权了。当然，刘备也算是，但其新败，退于夏口一隅，一时难成气候。对于这一点，孙权心知肚明，“曹操平生所恶者：吕布、刘表、袁绍、袁术、豫州与孤耳。今数雄已灭，独豫州与孤尚存”。是的，刘备败了，就只好收拾他了。不过，曹操也不傻，在收拾孙权之前，先得利用他。他写信给孙权，大意是“孤承帝命，奉词伐罪，刘琮束手，荆襄之民归顺。今统雄兵百万，上将千员，欲与将军会猎于江夏，共伐刘备，同分土地，永结盟好，幸勿观望……”既有示好，也不忘恐吓。这样一来，问题摆在孙权面前了：是打还是降呢？

张昭首先把持不住。孙策临死之前，曾遗命于孙权：内事不决问张昭，外事不决问周瑜。张昭还真把自己当根葱了，于是，力主投降。理由是，“东吴大势可以拒操者，长江也。今操既得荆州，长江之险，已与我共之，不如纳降”。然后，还煞有介事地拿老百姓说事，说这样可以使生灵不受涂炭，江南六郡可保矣。

张昭一番话后，你道老大孙权什么反应，五个字：权低头不语。老大不说话，往往最可怕。如果你以为领导真没主意了，那你就错了。

倒是鲁肃一片赤诚，私底下，力劝主公不能降。鲁肃有啥说啥，为孙权分析其中厉害：众人降操，累官不失州郡；将军降操，位不过封侯，车不过一乘，骑不过一匹，从不过数人。一句话，别人降了，还可以吃香的喝辣的，若主公降了，就什么也不是了。

这时候，老大才说了句实话：“诸人议论，大失孤望。”孙权知道，唯在危难之际，才能认清身边的人。

接下来，问计于诸葛亮，孙权交了心底：“孤不能以全吴之地，受制于人。”说完之后，又道出四字：“吾计决矣！”这句话是什么意思呢，我早就下定决心跟曹操干一场了——这才是隐藏在老大心底的全部。

后来，张昭听说孙权欲兴兵，唯恐中了诸葛亮之计，按捺不住，又一番苦言相劝。另一位文臣顾雍，也在一旁敲边鼓。孙权对此，只是低头不语。老大又在玩深沉。

孙权心里有底也是对的。他有一班欲降的文臣，还有一班敢死的武将。尤其以程普、黄盖、韩当为首的，忠心耿耿，死心塌地，都是“吾头可断，誓不降曹”之辈。更重要的是，他有另一枚举足轻重的棋子：周瑜。

这位老兄，才是真正意义上的二把手。论深度，他比老大孙权毫不逊色。他刚回到柴桑，张昭一帮人就来劝降，你听周瑜怎么说：“吾亦欲降久矣。公等请回，明早见主公，自有定议。”程普等人来了，又是劝打，周瑜还是那一套：“吾正欲与曹操决战，安肯投降！将军等请回。瑜见主公，自有定议。”后诸葛瑾等人来，有劝降的，有劝打的，周瑜全是类似的回复。真是见人说人话，见鬼说鬼话，玩周旋的一套，谁也比不了这位老兄。而当这帮人走之后，他真正的反应是：瑜冷笑不止。

这一番冷笑，不可谓不意味深长。对于这件事，周瑜到底是怎么想的呢？在诸葛亮那里，他说了实话：“吾承伯符（孙策）寄托，安有屈身降操之理？自离鄱阳湖，便有北伐之心，虽刀斧加头，不易其志也！”

次日清晨，孙权升堂。一场孙权和周瑜的双簧戏便开演。周瑜入见后，直截了当问主公如何应对曹操一事。孙权煞有介事，取曹操书信给周瑜看。瑜看毕，笑曰：“老贼以我江东无人，敢如此相侮耶！”权曰：“君之意若何？”瑜曰：“主公曾与众文武商议否？”权曰：“有劝我降者，有劝我战者。”瑜曰：“谁劝主公降？”权曰：“张子布（张昭）等皆主其意。”瑜即问张昭，张昭傻了吧唧，又把前番言论重复了一

遍。话刚说完，周瑜突然变了脸色：“此迂儒之论也！江东自开国以来，今历三世，安忍一旦废弃？”然后，即刻请战，向孙权表达了破操的信心和决心。你看孙权怎么说，“孤与老贼，誓不两立！卿言当伐，甚合孤意。此天以卿授我也。”说完，拔佩剑砍面前奏案一角曰：“诸官将有再言降操者，与此案同！”随即将剑赐周瑜，封瑜为大都督，文武官将有不听号令者，即以此剑诛之。

这是一出深度双簧啊！戏演到这里，才算真正到了高潮。想必张昭等一帮人一定看呆了，也看傻了。这叫什么？这叫大敌当前，先分出阵营，然后统一思想。

读三国，每每到将孙权写得优柔寡断处，我喜欢轻轻一跳过去。然后模仿周瑜，也冷笑一声。孙策临死之前，取印绶给孙权，嘱咐了他一句话：卿宜念父兄创业之艰难，善自图之。也许，从那一刻起，孙权就知道，成大业者，除了能任贤、懂谋划和有眼光之外，还必须有做老大的深度。

厚道人也是有棱角的

汉文帝时期，南阳有个人叫直不疑，在文帝手下当郎官。一天，同宿舍的人告假回家，误把另一个人的一锭金子拿走了。这个人发现自己的金子没了，便怀疑是直不疑干的。对此，直不疑非但没有申辩，还连连赔礼道歉，自己跑出去买了一锭金子，赔给了他。后来，请假的人归来，便把错拿的金子还了回来。丢金子的人一下子羞愧不已。因为这个，大家都觉得直不疑厚道，有长者之风。

大家这么一夸不要紧，文帝也觉得直不疑人不错，就提升他做了太中大夫。

又一次，在朝堂之上集会，有个人突然向直不疑发难，说："不疑状貌甚美，然独无奈其善盗嫂何也！"什么意思呢？就是说直不疑虽然是个帅哥，但是怎么能让人赞同他跟嫂嫂私通呢。大家一听这个，都愣了。大庭广众，直不疑应该向大家解释点什么吧。然而他没有，只是默默说了句："我没有哥哥。"之后，便再没有一句多余的话。也就是说，无论你说我什么。我就是不辩白。

这些事记载在《史记·万石张叔列传》中。司马迁对这个人并没有好感，对其评价是："塞侯（直不疑后被封为塞侯）微巧。"大意是说，直不疑做人有点乖巧了。

后来，即便在其官任上，他也不做任何改变和革新，前任怎么做自己就怎么做，既不出风头，也不显得追名逐利。总之，他给人留下的印象除了厚道，便是厚道了。

直不疑的这种厚道，若放在民间，就有点懦弱了。而放在官场，却显得那么有心机。是的，藏锋虽然吃点哑巴亏，但太容易把事摆平了，这么一来，谁也不得罪。直不疑的哲学大约是：处处不主动，就会赢得好多主动。

那么，司马迁批评他是什么意思呢？司马迁的言外之意是，一个真正厚道的人，都是有态度的，也是有棱角的。你说你直不疑总这么乖巧，也显得太能装了吧。

小饕餮

二毛在《民国吃家》里谈及袁世凯，说他一天的饮食是从一碗参汤开始的。袁早上五点钟起床，先喝一碗人参汤，六点多再吃早饭。人参汤的做法是：把人参放入带有螺丝盖的沙罐内，装上水，用绳子系着把沙罐放入盛着水的铁壶内，待开，用纱布把人参汤沥出来，即饮用。

这袁大总统活得足够滋润。人参汤固然滋养人，石头汤呢？《清稗类钞》有记载：“桃源产白石，可煮羹。法以水煮石，俟沸而易其水，入青豆苗少许，味绝佳。”这么说来，石头汤其实是豆苗汤，只不过被白石煮过，滋味不同。袁大头极享人世美食，但未见得喝过这石头汤吧。

年羹尧喜欢吃小炒肉。据说，年羹尧被贬杭州后，姬妾四散而去。杭州某秀才得其一姬，此女曾在府中负责膳食，而且专门负责小炒肉这一道菜。

姬女讲，年大人的膳食，前一天就有菜单呈进来为其准

规避风险，不是畏惧风险，而是为了降低人生的成本。

备。就为这一盘小炒肉，得忙乎半天，才能做成。秀才听了，不禁心痒，央求她也为自己做一盘。姬女笑道："年大人的府中，做这么一盘菜，就得一头肥猪，然后取其最精华的一块。你们家买肉，每次只买半斤，你说让我从何下手？"

曾国藩当两江总督时，他手下一官员想知道大人喜欢吃什么，进而巴结曾国藩，讨其欢心。他悄悄地贿赂厨子，想通过厨子知道这个秘密。厨子说，这个好办，到时候你就知道了。过一会儿，他端进一盆汤来，拿起个瓶子，就向盆内撒了一些东西，官员急问是什么。厨子说，辣子粉也，大人就好这一口。你若进献这个，便可邀赏了。

明朝的朱文正，平素用膳，只炒两个菜。一日，有人来拜访他，留下来吃饭。为此，他又添了两个菜，一肉、一鱼、一菜、一白豆腐。文正公一本正经地对来客说："豆腐乃清品，绝不可用油、盐、醯、酱来调和。原味就是至味，可多食之。"一边说，一边以勺频取，置其饭中。

看来，朱文正公最喜这般吃豆腐。

有一大人物，喜欢吃荷叶粉蒸肉。做法也特别：把五花猪肉洗净，浸在酱油和黄酒中，半天取出。然后，用松仁末、炒米粉等料拌之，再用新采来的荷叶包上，上笼蒸熟。

吃的时候，把荷叶去掉，入口则荷香沁齿，别有风味。用大人物的话说，猪肉之油，佐料之味儿，经过荷叶包裹，不泄；而荷叶的清香，笼蒸过后，又浸润于肉内，于是这粉蒸肉愈发味道醇厚芬芳。

青春是多么美的借口

一座校园，死一般沉寂的时候，一定是在考试了。

刘之懿就像这沉寂中的一个喷嚏，让高三的第一个期末考试有点战栗。班主任徐朗四处找她，考场里没有，宿舍没有，操场没有。难道她还能飞走？徐老师一边想，一边恶狠狠地瞟了一眼天空。

冬日的天空，底色是黯然的蓝。除了极细极淡的几绺烟霭，竟不见飞鸟滑过的一点儿痕迹。

这孩子真不能要了，无论如何也要不得了。徐老师找到绝望的时候，一般都会这样咬牙切齿地说。

徐朗老师又踅身回到考场，他满怀希望地往里瞄了一眼。他想，如果此刻刘之懿能够坐在她的位置上，他就一定原谅了她。然而，刘之懿的位置上空空的，像茫茫宇宙中的一个巨大的黑洞。那一刻，他的心里也空空的，仿佛被那巨大的黑洞给吞噬进去了。

徐老师的希望幻灭了。

刘之懿在哪里？在永和豆浆。

刘之懿对面坐着一个男人，样子像极了电影《大话西游》中的周星驰。刘之懿没吃饭，只是看着这个男人吃。那场面，也极像那电影的风格：无厘头。

阳光，从宽大的窗户照进来。刘之懿的鼻翼闪闪发亮，她的鼻翼上，也跳跃着一轮太阳，映着对面男人的脸。

男人是谁？！你怎么跟他在一起？发问的是刘之懿的妈妈。

有必要说明的是，当徐老师终于在永和豆浆找到刘之懿的时候，徐朗，这位80后的老师，已经远远地不能理解他的学生——一个90后的孩子。

80后，90后，不过是十年。十年，不是地球跟月亮的距离，是地球跟火星的距离。

她是您的女儿，到底是怎么回事，还是您自己问吧。徐老师一通电话把刘之懿的妈妈叫来。他是不能问了，是的，他气得有点肝疼。徐老师一边疼，一边咬牙切齿地摸着自己的肚子，仿佛他要把这疼痛给摸出来。

哦，也没什么大惊小怪的。跟我吃饭的那个男人，骑车环游全中国，呼吁全社会关注西部贫困学生。我在微博上看到这件事，知道他今天经过我们这座城市，我就留了言，说请他吃饭。对了，这也是学校“爱心独唱团”的倡议，我代表爱心独唱团为西部失学儿童鼓与呼，难道我们不该尽一点儿绵薄之力吗?

刘之懿一口气说完。然后，有点好奇地看着徐老师和她的妈妈，就像盯着火星上的两个怪物。

徐老师真的有点不懂现在的孩子。

不懂归不懂。他还是认真地为刘之懿安排了补考。晚上，闲教室，一人，一桌，凳子二三粒而已。

是语文试题。有一个题考的是“穿越”。刘之懿答的是：我不要时间穿越，不要空间穿越，我只要位置穿越，有一天，我是老师，老师是学生，看我如何去懂他们。

我的天，我的90后的孩子们，你还要我们如何懂你？那一刻，刘老师仿佛被时光的雷电击穿，刹那间，玉石俱焚。

好不容易挨到考试结束。徐朗整理好刘之懿的试卷，正要走，一个小女生探头探脑地往里看。

谁呀？老师，给你。说完，女生把一个麦当劳的外卖递给了徐朗。老师，这是咱们班的一个同学早早就为你叫好了的。谁呀？徐老师心里暖暖的，他想在心房里，瞬间触到温暖的源头。

她呀，刘之懿。小女生走得很远了，才淡淡地丢下一句话。

其实，刘之懿属于那种不怎么学，成绩也呱呱叫的学生。

高二的时候，她从市三中转到这所学校来。刘之懿刚一来，仿佛是水墨山水里突然添了一叶扁舟，这所略显沉闷的学校一下子便活泼灵动了起来。

最激动的当属班主任徐朗。第一次月考结束，刘之懿的成绩便高居年级前十名。徐朗班会上高声大气地夸赞刘之懿，像是古玩市场上以白菜价买到了青花瓷，激动得眉眼都变了形。大家都觉得，班主任喜形于色的样子有些夸张了。不过，刘之懿，这个新同学，大家打心眼儿里还真是喜欢她。

譬如，她刚来，就跟秦豆豆好得一塌糊涂。秦豆豆是谁？秦豆豆是班里的可怜宝，爸爸在煤矿的一次塌方中被砸断了腰，妈妈跟一个走街串巷的江湖郎中跑了，家里所有的收入全靠奶奶爷爷。刘之懿跟秦豆豆一起走路，一同学习，一个饭盆里吃饭，仿佛是彼此的一个影子。

徐老师说，之懿，你不要跟豆豆一个盆里吃饭，不卫生。

老师，我只是想通过这样一种方式，在饭费上贴补一下她。这样，豆豆也好接受一些。刘之懿安安静静地说。

可是……

徐老师还想说什么，但没有说。他知道，在生活不期而遇的温暖面前，所有的“可是”都会为温暖让路。

一时间，风生水起。

刘之懿来之前，整个学校的社团活动基本上是停滞的。她的到来，让休眠了好多年的火山，喷涌了出来。

校长说，刘之懿就是一粒火星子。是的，学校开始热闹出一些动静来了。最先是学生会，开始大张旗鼓地整顿纪律。校长提议，就让刘之懿当学生会主席吧。校长钦点，刘之懿也没有扭捏，很快走马上任，她先是成立了一个“爱心独唱团”组织。灵感来自韩寒的《独唱团》。刘之懿说，有爱的世界，即便独唱，总会听到温暖的回声。

就是这个独唱团，为秦豆豆组织过一次捐款。为此，秦豆豆的奶奶来学校感谢校长。校长说，不要谢我，谢她吧。校长一指刘之懿。秦豆豆的奶奶看一眼刘之懿，颤巍巍说一声，闺女！脸上早已两行老泪纵横。

奶奶说，校长，你还不知道，之懿经常跟豆豆周末到家里来，帮助我们干些家务活，这是个好闺女。

刘之懿在一边，微微笑着，什么也不说，只是一抬手，把落在奶奶肩上的一根白发摘了去。

谁也不想让所有的美好都集中在一个人身上，上帝也不想。

但对于刘之懿，上帝也只好无能为力。

秦豆豆说，让刘之懿长得漂亮，一定是上帝的一个心愿。

有一次，刘之懿收到一张莫名其妙的字条，只一句话：之懿，于你，虽千万人，吾往矣！刘之懿问，什么意思？

就是喜欢你呗，还用说。依旧是秦豆豆，是玩笑，也是揶揄。

对于收到这样的字条，刘之懿表现得很安然，既不慌乱，也不愤慨。用她的话说，怕什么，这是青春的礼物。不过，她读完，一般就全都扔了。还是她的话，青春是属于风的，所有青春的话语，留也留不住，最终，给风去读吧。

临近高考的时候，徐老师在班会上大声宣讲：高考是人生最关键的一步，这一步，你们一定要走好，放下所有，心系一处，尤其是，临近高考了，严禁男女生交往过密。然后，话锋一转说，咱们班，我最放心的是刘之懿。

刘之懿说，老师，其实大家都很刻苦的。

我说的是心，心若飞了，十二年之功就会毁于一旦！话说完，徐老师眼睛逼视着四方。

大家伏在桌上，大气也不敢出。

高考结束，大家都考得不错。

刘之懿上了北京最让人羡慕的那所大学。秦豆豆也考上了，民政局还为她捐助了足够她读完四年大学的学费。

徐朗老师在全班聚餐的时候，喝了好多酒。一边说高了高了，一边还喝个不停，眼见着啤酒瞬息间从他的嘴里灌进去，又瞬息间从他红红的脸上散发掉。

醉了的徐朗老师，为全班同学唱了一首歌，是许嵩的《半城烟沙》。那天，也不知道是酒喝高了，还是徐老师唱功原本一般，一曲唱完，大家连想吐的心都有了。但是，还是有人起哄说徐老师唱得好。

有人说，徐老师，不错啊，许嵩的歌你也会唱。徐朗老师打了一个嗝，说，其实我才跟你们差几岁啊。

谁没活过青春啊！说完，徐朗老师红红的脸上，漾满了幸福的酒晕。

山河故人

第五辑

评职记

去局里领表的时候，好多人看到我很诧异，说，马老师，你来干啥？我说评职称啊。然后，一屋子人看着我，大约所有人都在惊讶。啊？你怎么才评中高啊？！我说是是是。然后，就不知道说什么了。是啊，该说什么呢。十几年的日月星光，教的最早的一届学生都跟自己一块儿评了。你说，这个事该怎么理解？

一句话，混得惨淡。

好几年前，去会远方的朋友。酒筵间，他问我评了中高职称没有。我说没有。他便不住感慨，说你为什么不赶紧评了呢。我实话实说，单位那么多人要评，轮不上我。他说，我在你这个年龄，早已经是中高了。他接着似有若无地说了另一句话：当然了，我在这个年龄，早已经是单位的二把手了。

那一刻，他喝得满面红光，我吃得黯然失色。后来，再联系，他已然是单位的一把手，前呼后拥的，说话的口气更加冠冕堂皇。自此，我便很少再跟对方联系。是啊，混不到一条道上的人，还联系个什么劲啊。

现在想来，自己还算是幸运的。因为赶上了好年头，所有的中级职称都是自然晋级的。如果连中级职称都需要评定的话，估计这会儿还在这个泥坑里挣扎呢。我对一切形式上的事情，有着天生的反感，所以各种表格填得潦草。也不像其他人，把每一个荣誉都盯在眼里算计在心上。就这样，性格决定了命运。最后，人家一茬一茬都评过了，自己还在原地踏步。

大家逗我，马老师你还用得着评这个（职称）啊，你根本看不上。不知道是揶揄，还是发自真心。不管是哪种态度，我统统"呵呵"了。还能说什么呢。说我真的看不上，自己还未活到那么淡泊。毕竟，这背后连着每月的几百块钱呢，一个靠工资养家糊口的人，有什么资格说不在乎！若说自己很在乎，平时也没见跟那个领导走得很近，也从没为哪个荣誉争得头破血流啊。

有一次，在网上看到一个大人物，因为论文的事情，愤而弃评职称。看得我有些唏嘘，大有"同是天涯沦落人"的知音之感。混到这个地步，又能有什么办法呢，只好找个同类，聊以慰藉。每年暑期，是职称评定开始的日子，每每看到自己的名字混迹在一堆年轻人的名字中，心底便万千滋味。于是，赶紧在记忆里拽出某个"沦落"的大人物来，默默念三遍，重要的事情要念三遍：某某某不是也没有评过职称吗？

这个世界上所有的焦头烂额，

其实都无足轻重。

有一位跟我年龄差不多的同事，这么多年来，也一直为这个事而奋斗着。每到暑期，他都蹙眉紧锁，像压着三座大山似的。我常笑着逗他：你不是一个人在战斗！然而，他并不笑。有一次，还极认真地问我：难道咱们就这么一辈子中级下去了吗？接着，他又满是悲怆地来一句：咱们会不会把这个职称带到坟墓？

他的话一出口，我突然笑不出来，黯然了半天。然后，各自又沉默了一会儿，悻悻然走开。

评职称有一个硬条件，必须得通过计算机职称考试。这些年，我为评职称考过几次计算机。别人是一心去考试的，我除了考试，还捎带观察考试的人。每每看到头顶发稀疏，年龄类我者，就有些阴暗的小得意，便觉得天下混到一样惨淡的大有人在。徜徉在一堆红男绿女中，便人也镇定了，路也走得从容了，吐纳也正常了，觉得自己并不孤独。

当然了，你在桥上看风景，看风景的人也在看你。有一年机考，旁边坐着个小姑娘，二十多岁的样子，眼睛扑闪扑闪的。正式答题之前，她突然问我，老师，你考了多少次了？我有点恍惚，说记不得多少次了。她“哦”了一声，接着很随意地来了一句：我爸爸今年也在考，跟你差不多的岁数。

我当时好像也“哦”了一声，想再回一句，又突然觉得说什么都不够合适。好在小姑娘也不再说什么了。整场考试，她做得很快，噼里啪啦键盘上一阵敲击，就交卷了。而我还在冥思苦想，在她轻松的背影里，我就像个巨大的隐喻。唉，我辈已矣，只是希望小姑娘在职称这条路上能走得如意，不必像我或者她的父亲，艰辛地从青春跑到中年，终成一场马拉松。

进而，不必在盛放的年华里，还有那么多狼狈和不堪……

刷房记

夏天，有一个短暂的假期，我决定把房子粉刷一下。

房子是前些年买的，好长时间了，没有再粉刷过，黑漆漆的一层。但住惯了，自己感觉不出来。朋友当中有直言不讳的来串门，走的时候扫视一下屋子，淡淡地留下一句，这屋子，该重新粉刷一下了。

我决定自己刷。妻子有些不信，说，你一个人？我说，怎么啦，不相信？咱是从农村出来的孩子，吃着苦长大的，这点活，算什么。

牛吹下了，活得自己干。去市场上买回三大桶涂料，再一桶一桶搬到楼上。到底是岁月不饶人了，一桶涂料七八十斤重，一口气是搬不上去了，只好上一层，歇半天。等把三桶涂料搬到楼上，我已累得汗流浃背，上气不接下气。这算是吃苦长大的孩子吗？我不禁怀疑自己。

屋子里，该挪的挪，该盖的盖，收拾妥当，开始粉刷。听卖涂料的师傅说，粉子要刷均匀；并且要刷两遍，第一遍干了，再刷第二遍。有了正确思想的指导，我大裤头大背心一穿，正式开始粉刷。四壁上倒还轻松，涂料辊子一滚，上上下下，是一种享受。屋顶却是个艰难的地方，不仅要仰着头，而且还不时有涂料溅落下来，掉在头上、脸上，甚至是嘴里。妻子说，屋顶我刷吧，正好治我的颈椎病。我看了她一眼，心想，还是算了吧，快乐可以分享，罪，还是我一个人受吧。

三室一厅的房子，整整刷了两天，才把它彻底拿下。而我，也累得差一点儿趴下。

屋子一下白了，白得有些耀眼。挂在墙上的液晶电视，此刻在白墙壁的映衬下，黑白分明，漂亮了许多。就连晚上的灯光，也比平素亮了许多。整个家里，都弥漫着一种温馨的氛围。一家人，都觉得家成了一个不一样的所在，平添了许多幸福和快乐。

然而，没过多久，烦恼就来了。先是书房的墙壁，开始有一星半点的鼓起。接着，鼓起的地方，慢慢开裂。先是一小点，接着是一大片。后来，整个墙壁像被风撕扯烂的窗户纸，乱得纷纷扬扬。今天东一块，明天西一片，像商量好似的，一处挨着一处爆裂。

去问卖涂料的人。倒是他先吃了一惊：你原来是刷在旧墙上啊！那得先把墙擦干净了，另外还得要薄薄地刷，厚了不行，肯定要爆皮。得，谁也别怪，只怪自己没有生活经验。悻悻地回来，对着满墙开裂剥落的墙皮，只好望洋兴叹。

后来，卧室，客厅，几间屋子相继开始爆皮。抬望眼，满墙没有一处下眼的地方。那些爆裂开来的墙皮，仿佛不是从墙上爆裂开来的，而是从心底爆裂开来的，纷纷扬扬，鼓着，垂着，耷拉着。一下子，所有的赏心悦目没了。有的，只是烦心、扰心、闹心。家，再也不像前一段时间那么令人神往了。

周末的一个上午，我披上雨披，拿着扫把，把墙上所有爆裂开来的地方扫了一过，碎屑纷纷扬扬落了一地。这一扫，难看的墙面，像被治疗过的皮肤病，竟然好看了许多。最后，我把几间屋子的碎屑集中在一起，收在簸箕里。

其实，这烦恼也不多，堆在簸箕里，不过是三四把的样子。

这一年

这一年，体重还是一百六十斤，肉还在那里，不多不少；一百六十除以一米八的个子，密度还在那里，不增不减。关键是，心还在那里，不高不低，不黑不恶，还怜悯苦难，还感动于人间良善，还相信温暖，相信爱。

这一年，还是不喝酒，还是不抽烟，还是酒桌上被人瞧不起，还是闻着烟味掉头就跑。因为不喝酒，恨过李白；因为不抽烟，遭人白眼。爱怎的就怎的吧，前半生没学会，后半辈子也就不沾边了。当然了，对于抽烟喝酒的人，我的态度是：永远尊重，绝不喜欢。

这一年，关注身体太少了。有一句著名的马屁是：领导，我要批评你，你太不珍惜自己的身体了。没人批评咱，咱就经常开展深刻的自我批评。然而，无济于事。电脑前一坐就是半天，凡事都想着开车，自行车不愿蹬了，路不愿走了，思想腐败了。

这一年，唯一的运动项目依旧是乒乓球。有道是，十年磨一剑，这球快打二十年了，技术没见长，肩周炎练成了。一打，还龇牙咧嘴的，疼。

这一年，打球的还是那几个人，分别是刘老师霍老师王老师赵老师苍老师。打球之余兼斗嘴。打一会儿，说一会儿，笑一会儿。什么是生活？生活就是有说有笑，有玩有闹。这一年，深知朋友圈之重要。朋友圈的人爱锻炼，你的身体也差不了。

这一年，意外地学会了游泳。作为资深旱鸭子，本以为这一辈子游不了泳了。跟着别人去玩闹，竟然稀里糊涂学会了。学会了游泳才发现，水这个玩意儿最可亲，只要有一汪浅水就想方设法把你浮起来，想沉下去都难。才明白，蛙泳、仰泳、蝶泳、自由泳这些泳姿都是用来锻炼身体的。狗刨的姿势最难看，却也最实用。泳镜、鼻夹、耳塞，统统用不着，你尽管趴在水里，头自由呼吸在外面，身体畅然于水中，民间的姿势最销魂也最救人。

这一年，除了CCTV5和CCTV9，电视就没换过其他台。至于电视剧和综艺节目，还是让喜欢的人去喜欢吧。这一年，在书房的时间仍然多于窝在沙发上的时间，不写文章的时候，就读点书，不读书的时候就听点音乐，不听音乐的时候，就泡茶发个呆。这一年，不评职称不评模，不请客不送礼，不奉承不巴结，有闲情逸致就与学生谈诗论文聊人生。

这一年，依旧不富有，仍然不贫穷。不富有是钱不多，不贫穷是不缺快乐。还是相信自己写过的一句话，一个人，即使遭遇了许多失败，若能始终快乐，就是最好的成功。

这一年，没买房，不是房奴。没被拆迁，没有痛苦。这一年心怀天下，关注国际局势，也关心国家发展。这一年，心系钱袋子和菜篮子，从不浏览明星的花边新闻。有心思就去喝茶，无聊时绝不扯淡。

这一年，爱一个人，爱一个国，爱一个职业。人在心里，身在国里，糊口在职业里，你就得好好去爱。否则，心无处安放，身无处安置，生存无从谈起。

这一年，依旧读书写字。风月在书里，喜悦在字里。从来不敢与大家比肩，却暗得文字的滋润，深信这个世界没有妙手，好文字都是天成。

这一年，又长一岁。暗暗跟自己说一声，这不叫长大，不叫成熟，这只能叫年华老去。

路

至今还做着这样的梦：班车来了，人蜂拥地挤过去，很快车里就满了，然后，“哗啦”一声，门关上了，车绝尘而去。而我，还在车下。天塌一般地，急在那里。

多少年时光了，依旧心有余悸。我上高中的时候，只有一趟班车通往县城。非但如此，我家到等车的那个村庄，还有八里地的路程要走。那个村庄叫小坝子，很亲切的一个名字。若干年后，我每每路过它，都会在心底叨念好几遍。整个漫长的110国道上，大约有许许多多这样的村庄。唯我，为之温暖，也为之心悸。有好多次，就真的没有赶上车，只好怏怏地往回走。母亲见我回来了，满脸的沮丧，就长长地叹一口气，父亲也叹一口气。那时候觉得，有些东西是无法改变的，便视之为命运。

比如，命运只给了我这么一条路，这么一趟车。

所以，回到学校每每听某某同学说，是坐第几趟班车来的，心中便满是羡慕嫉妒恨。什么是奢侈？就是一个人坐车的时候，还可以有好几趟车选择，你说这不是奢侈是什么？！我至今还嫉恨一个叫高低的同学。他每次返校，都是在黄昏时分，坐最后一趟班车姗姗而来。我惴惴问他，你就不怕坐不上。他从容得连眼也不眨，轻飘飘地给我来三个字：没问题。

上了几年高中，都是这样惊心动魄过来的。有时候，冬天下大雪，动不动这趟班车就不来了。站在小坝子村口，冒着呼啸的北风，盯着山口公路的拐弯处 ，希望那辆白底儿红道的客车突然之间冒出来。真的冒出来了，一辆接着一辆，却不是班车。即便是班车，也不是自己要坐的那辆。唉，回吧，已过了中午十二点，决然不会再有了。于是，往回走，八里路，一步三摇，走得寒冷而悲怆。

一路上，山野间是白白的雪。再远的山上，还是白白的雪。我知道，翻过那座山，再翻过几座山，就是县城了，就是学校了。然而，我却绝望地去不了。

后来，我考学走了，再也不用坐那趟班车了。后来的后来，我在平原工作。再后来，我回一趟老家，紧倚着110国道旁边，影影绰绰的有人在修路。问之，则曰：修高速呢。啊？这里也会有高速？在我生活了几十年的穷乡僻壤之间，也会修高速？也会一个入口进去，就可以四通八达，抵及任何一个想去的地方？我有点将信将疑。那时，回一趟老家，我还是要坐

深山茅屋，桌上粗茶，屋外有竹有菊，
然后是一琴一箫，然后是漫卷诗书。

从地理坐标到心灵坐标，

入世亦是出世。

火车的。汽车倒火车，火车再倒汽车，来回折腾好几次，才能回一次家。母亲说，这也挺好的，能回来一家子过个年就挺好的。是的，只要能顺遂母亲的心意，做子女的，便觉得心里痛快。

果然没有假，很快一条高速就修成了。命之曰：京藏高速。怎么表达这种欢天喜地呢？用母亲的话说，就是：从你们家开车，不用停，就可以到咱们家了。仿佛，这一千多里的路程之间，只隔着一个胡同似的。

小时候，若有人问我梦想，即便说上一百个，也不会谈及路。或许，自己所在的村庄太过偏僻，也或许，相信这就是一种命运，根本不会改变。在我的印象中，大凡带着大包小包赶车的人，会很累很累。因为，我常把他们等同于自己，觉得自己要走八里路去赶车，别人也会一样。现在，在家门口附近居然修了路，而且还是高速，真是想都不敢想。

一个从未做过的梦，就这么来到了现实之中。

现在，从我居住的小城回家，只需五个多小时。而且，像我高中的同学那样，我可以选择高速，譬如可以走京藏，也可以走张石。夏天，可以走走张石，一路上要经过好多翠绿的山峦，可以看到很多很美的风景。当然了，京藏也有京藏的美，途径官厅水库的时候，可以看到好多大风车，还有鸡鸣驿，以及鸡鸣驿背靠的大山。一路走，可以有许多的风景可赏。

现在，即便是村里的巷道，也开始变成了水泥路了。路，再也不是问题。当然了，偶尔还会做那些让自己惊悸的梦，只是醒来后会笑笑，然后告诉自己：这都什么年代了。

是啊，这是一个有路有梦想的时代。

那个人已经温柔变老

李密给晋武帝上《陈情表》，说他九岁时还不会行走。我之羸弱，跟他有一拼。

孩童的时候，走不了多长的路，我就得靠着墙根休息一会儿。然后，常常出现的景象是，没几分钟，便斜倚着那段短墙睡着了。供销社有个叫高飞的售货员，每次见我睡在大门口，就会重重地“唉”一声。他的意思是，这孩子，这么弱，怎么能长大！

最惊险的一次，大约是七八岁，跟着父母去南山梁锄地，我坐在地头，看着父母伏在地里忙碌，很快便把持不住，睡眼迷离，庄稼是恍惚的，远处的村庄是恍惚的，河道里亮晃晃的日光也是恍惚的。很快，就沉沉入睡。那时候大人们都忙，根本顾不上我们这些小屁孩，他们锄完这块地，便很快辗转到另一块地。然后，黄昏时分，便满身疲惫回到村庄。

我想，我那时候肯定比不上现在的一只宠物。因为，直到回了家，父母才发现把我丢了。那个年代，还是有狼的。他们慌乱地往地里跑，却不知道把我丢到了哪一块地里，于是，一个人奔向南山梁，一个人奔向北坡，等他们气喘吁吁地找到我时，我还气定神闲地睡着呢。

羸弱的人，极容易成为看客。我上初中，是在县里的第五中学。那是一所公办中学，学校年年都会举办教职工篮球赛。学校的篮球场就在土坡下面，条件十分简陋，板框破裂的篮球架，土质的场地，只在每次比赛前，才用白灰画出几条边线来。那真是一项伟大的运动，因为每次有球赛，我们就觉得像过节似的，因为不用上课了，食堂里还可以买到白白的馒头，更有甚者，有两次我们还吃到了包子。便觉得天底下有两样东西是皇帝老儿也不换的，那就是：有球看，有包子吃。

一天下午，几个同学从老师那里抱来一个篮球，他们喊我下去玩。我说玩就玩，就从土坡上跑下去，拿起篮球的一刹，觉得球好大啊。拍了几下后，我尝试着投篮，惊人的一幕发生了，我使尽浑身气力投出去的球，居然只向上运行了一小截，离篮圈还远着呢，便落了下来，砸在地上。同学们都笑话我，我也觉得挺没意思的，便灰溜溜地从他们的行列中退出来。然后，重新爬上土坡，重新当一个看客。

然而，那天下午却一点儿心思也没有。总是想，我怎么这么没劲呢！

一个人若自己活得热气腾腾，
就会光芒万丈。

高考结束后，觉得自己考得不好，便去山西大同打工。姐夫是个泥瓦匠，是投奔他而去的。包工头狐疑地打量了我几眼，说不要。一点儿也没给姐夫面子。姐夫朝包工头不断说好话：明天让他试试吧，试试不行，再说。第二天，我就上工了，任务是用铁锨把地面上的混凝土搭到头顶的架子上。那架子距地面差不多有一房高。我看那些小工子们，猿臂轻舒，满满一锨的泥，只轻轻一甩就搭在了架板的槽里，便觉得自己完全不在话下。于是，也铲满一锨，顺势扬过头顶。结果，铁锨刚刚过头顶，水泥、石子便尽数从锨头落下，直落得一头一脸一身，当时的惨状可以想见。包工头一看，笑了，觉得这样可以堂而皇之地赶我走了。姐夫低声下气地跟人家好话说了一火车，才把我留下来。当然了，工资是最低的，每天三块钱。

那是1989年，天很蓝，云很白，我很弱。

记得还有一次是去郊区的大同县拉砖。去了好几辆解放牌大卡车，每辆车上是两个小工，我在其中。到了砖厂后，其中一个人在上面，一个人在下面，下面的负责把地上的砖码放在车沿上，上面的再把这些砖一层层码放好。北方夏天的午后，极热。装砖的时候，我已经口渴难耐，却无水可喝。远远地，看见几个砖厂的工人在他们工棚前砸开一颗西瓜，瓜瓤红红的，几个人吃得饕餮而夸张，那一刻，真想跑过去抢一块吃。无奈车上那哥儿们好像更在乎把活儿干完，愠着脸，催促着。等我们把砖装好，坐着砖车回到工地后，口渴难耐的我第一个跳下车，跑到水管前，趴着水管，喝了半天，一边喝一边哭。

人生第一次，触摸到了生活之苦。

但苦难又会给予人意想不到的东西。就在打工的那一段时间，我居然从一米六猛蹿到将近一米八。但愈发地显得消瘦。上大学后，在中文系的迎新会上，系主任问我，你会打篮球吗，我说不会。她接着又问，排球呢？我又摇摇头。她的眼神突然黯淡，一副对我很绝望的样子。

在系主任看来，长大个儿必须是要有点用处的。而我，却一无是处。

其实，父母也担心过我。那一年，我高考没考上。父亲病重，母亲唤我跟她一起去种地，我扶着犁铧，赶着家里的骡子，愣是像模像样地把二亩地给耕完了。母亲见我还能行，坐在地垄边呜呜咽咽地哭。母亲说，人们都说你大学也考不上，地也种不了，如果连个庄户人也当不了，可咋办啊！当不了好庄户人，连媳妇也找不上。

在父母看来，能找个媳妇，是一个儿子活在这个世界上的底线。

但运动能力还是耽误成了。有一年，我写了一篇《十年学得一扣球》的文章。读者给我留言，说我标题党，以为我学会了篮球的扣篮，原来只是学会了乒乓球的扣球。我又能怎么解释呢？只好含混回复：说来话长，真的好长好长。

好在我上大学的那个年代还推崇舒婷、北岛、海子，人们还对诗歌奉若神明。于是，我便在大学的图书馆里练习写诗歌。我知道我别的不行，就拿出比别人多得多的时间看书，然后在心底酝酿几句文绉绉的话。就这么一直坚持了下来，从大学到工作，从那时到现在，在与文字的厮磨中，收获着温暖而刚强的力量。

说实话，这些年，文学给予了我很多。因为它，我并没有觉得比别人弱小多少。它让我懂得了温和向内，不再追逐勇猛和力量，转而找寻心底的平和与平静。而读书写文章，都会让一个人安静下来。因为安静不下来，根本也干不了这些事。

我相信这是命运流转，也是岁月磨砺。

写及此，我想到了马云。马云年轻的时候到肯德基应聘，结果二十五人中，二十四人都录取了，唯独他没被录取，原因是他长相太一般。可以想见，马云当时有多么崩溃。然而，多少年后，就是这么一个没被看好的人，创立了阿里巴巴商业帝国。也许每个生命都是有缺陷的，问题是，在前行的路上，你必须要有一样能拿得出手。

生活中，每每看到那些先天不足却活得精彩的人，都会禁不住在心底为他们鼓掌。我知道，在所有光鲜背后，他们在各自的心底里，一定走过比其他人更苦更艰难的路。

赌博那点事

年轻的时候，打麻将曾经闹过几次笑话。

有一次，牌都落停了，坐等开和。我正自鸣得意，旁边一人说，你怎么能这么停牌，你看你等的那张牌，下面已经打完了，你不妨如此如此。经他一点拨，我不禁赧然，赶紧换了一张牌。结果，刚刚换掉，就开和了。正在我大喜之时，对面的一位不干了，矛头直指我身边那位看牌的闲人。大意是说，你安静看你的牌不就得了吗，干吗那么多废话。这边的这位显然不愿退让，结果两人吵了起来。我夹在中间，劝也不是，不劝也不是。结果大家只好不欢而散。

我有点埋怨自己，如果不这么笨，会有这出吗？

还有一次，我扣了四张牌。扣的时候，本来记得清清楚楚。结果，和了之后，把牌翻起来，全然不是所记得的。这下可好，诈和了，自己包和不说，还要遭人奚落。那时候，我刚刚大学毕业。大家一边玩，一边笑话说，你连四张牌都记不住，你这大学是怎么考上的。那一刻，真想找个地缝钻下去。反观别人，人家有时候甚至要扣下八张牌，等到和的时候，翻起来，一张张对应好，丝毫不差。

这哪是人呢，简直都成了精。

终于有一晚，我发现自己不是这块料了。那一回我们玩到夜深，我已经哈欠连天了，另几个家伙还精神抖擞。一圈圈打下来，赢了多少，输了多少，全是别人说了算，我只管掏腰包。最让我瞠目结舌的是，有两人因为算账起了争执，然后，两个人开始捋整一圈牌的来龙去脉。第一把谁赢的，和的是哪张，谁砸和的。第二把，谁还开了杠，明杠还是暗杠，都是哪张牌，那几张牌当时摆放在什么位置。第三把，对方有几个筒，几个条，几个万，几个风……我的天哪，这在我的记忆里，早已是一片糨糊，而人家却能记得一清二楚。

你说，你拿什么跟人拼！

而且，坐的时间长了，自己会腰酸，腿麻，眼胀，总之浑身不舒服。心里所想的，全是赶紧鸟兽散，这样好回家睡大觉。而那几位，却坐得倍儿直，腰不酸，腿不疼，吃嘛嘛香。我的天哪，敢情这赌徒也不是谁想做就能做的，没有一身好体格，没有一副贼骨头，是万不能做到的。

我有时候想，以赌徒之聪明，以赌徒之钻研，以赌徒之坚韧，以赌徒之吃苦耐劳，去当科学家，哪个不是响当当的大科学家呢？且如此夙兴夜寐，人类的科技水平和生产力水平怎么不会突飞猛进呢？

可惜，赌徒就是赌徒。他们只会当赌徒，他们也只配当赌徒。

乡人曾是一赌徒，十里八村是有名的。他的有名不仅在于爱赌善赌，关键是因此还发了家致了富。那些年，眼见他家有了摩托车，盖了新房，一天到晚吃香的喝辣的，惹得村人眼红。那时候，摩托车还是个稀罕玩意儿，只在电影里见过。那个乡人每每赌回来，都要骑着摩托车在村里兜一圈，一帮小孩跟在后面看热闹。

后来，他把这一切都又输了回去。他去城里混，据说因为耍老千，被人发现，砍去了两根手指头。偶尔他回来，也神神秘秘的，不愿与乡邻相见。有人还怀疑他的一条胳臂没了，因为一边的袖管空空的，随风舞动。再后来，他回来的次数越来越少，终于有一天，再也见不到他了。有人传说他去了香港，成了人物，还有人干脆说，他已经死在了外头。

还有个故事，说某小伙子，在赌博上很有两把刷子。眼疾、手快、脑子反应也快，总之显得很活络。一个姑娘看在眼里，喜欢在心上，以为将来过日子也错不了。于是，经人撮合，两人就走到了一起。婚后，小伙子依然那个小伙子，依然还是那么喜欢赌博，只是，不仅输光了家里的积蓄，还借了很多外债。为此，两口子一天到晚打架，眼见过不到一起，一纸离婚协议，一走两散。

小赌怡情，闹着玩还可以。一个人，无论多灵透、多聪明，混到赌徒的份上，结局大抵好不到哪儿去。

一头骡子，跑在时间深处

骡子是父亲去世不久之后死的。

姐姐骂那家人家，连个牲口也不会伺候，井口巴掌大的冰面上，怎么会摔死骡子。其实，骡子不是摔死在冰面上的，而是摔断了腿，然后卖给了屠宰牲口的。姐姐情愿说是摔死的，是不想说出骡子最后被食肉寝皮的命运。

姐姐心疼骡子，它曾是全家人的命根儿。

父亲重病不治的时候，家里穷得已经买不起熬菜的盐。我小心地问父亲，是不是把骡子卖了。父亲躺在炕上，病得已经剩了皮包骨，还是狠狠地瞪了我一眼。我知道父亲这一眼的深意，因为只有败家子才会这么做。骡子是一户农家的全部指望，春种秋收，里里外外的活儿，全依靠它。卖了骡子，一户人家连顶门立户的根基也没有了。

但骡子还是被卖了。瞒着父亲，以极低的价钱，卖给了邻村的一户人家。在这样的贫穷境况下，再昂贵的东西，也难卖出好价钱。骡子被拉走的时候，父亲已经病得糊里糊涂的，我和姐姐不知道怎么跟父亲交代，一个上午，坐在炕上，只是哭，泪水像断了线的珠子，一颗接着一颗。父亲嘟囔着要翻身的时候，姐姐过去帮忙，我见她的一滴泪水，重重地砸在了父亲脸上。

父亲哭了。

父亲总说，人之将死的时候，是没有泪水的。难道父亲死不了？难道他知道骡子被卖掉了？父亲颧骨下瘦得塌陷下去的坑，能放下一个小小的拳头，肉皮极薄，一张一翕的。生命到了最后，衰弱得就像一张纸。父亲一定预感到什么了，他紧紧闭着嘴唇，什么也不说，或许，他已无力表达他的愤怒了。

打我记事起，我家就有了这头骡子。它年轻，健壮，却胆小。每晚牧归的时候，别人家的牲口早早回了各自的家，它却站到我家院门口，疑神疑鬼地朝里张望半天，然后一扭头跑掉。

那些年的黄昏，我总要拿一个料兜子，里边放一些玉米谷物之类的粮食，漫山遍野地找它。也因此，我太过谙熟黄昏大地的沉寂：我见过蒿草遮盖的窝里一只大鸟在漫不经心挪动时，突然看到我的一瞬间飞也不是不飞也不是的惊恐；也听过薄暮的虫鸣稀稀拉拉的样子，一脚踩过去，突然间噤了声，像是草丛间埋伏着一个指挥似的；也看到过夕阳像被谁脱了裤子，一下子蹲伏在山坳里，瞬息之间没有了踪影的仓皇。

我一直怀疑我家院子里有什么灵异的东西。我家人看不到，骡子能看到，于是不敢进到院子里。小时候梦魇，我经常梦到院门外跑进来好几个像猫一样吓人的东西，我着急喊大人，但就是发不出声来，直到把自己吓醒。我有一天跟父亲说，大，骡子不想进咱家院子，是不是院子里有鬼啊狐啊什么的。父亲狠狠地瞪了我一眼，那种力量，像是要把我当一颗山药蛋摁到土壤里。我吓得大气不敢出，灰溜溜地去找了料兜子，等着黄昏来临，再漫山遍野地去找那个撒野跑掉的家伙。

那些年，我生命中最重要的事情，就是找骡子。仿佛它就是为我的童年而来的。就像一篇冗长的家庭作业，看不到尽头，还必须得完成不能推脱。骡子偶尔也会突然一声不响地回来，那种感受，像是老师在讲台上突然大赦我今天的数学作业不用做了一样，不是欣喜，是紧张。我掐掐胳臂，告诉自己，不是梦，是真的。

父亲高兴的时候，也会给我解释，说咱家的骡子是驴生的，不回家是跑出去找驴去了——它把所有的驴都当成它妈妈了。果然，有几次我找它不到，发现它在东山坡大军家的驴圈里，跟一头驴默默无言站着。这时候也最好抓，不用料兜子，我揪着它的鬃毛，它就会跟我乖乖地回来。

那时候，我多希望家里养的是一头牛，四平八稳的，每天暮归的时候，能准时回家。甚至，我会狠狠地想，索性它就跑没了，永远找不到。有时候都快梦想成真了，然而，转过一道山梁，再转过一道山梁，小小的山坳里，发现了它。

有一年冬天，父亲去后草地换粮，掉了队，又迷了路，大晚上车陷在一个雪窝窝里出不来。最后，父亲没劲了，骡子也累得卧下来不动了。父亲以为那一晚要冻死在路上，结果，歇息了一会儿的骡子使蛮力，愣是把车从雪窝子里拉出来。父亲后来总是说，是骡子救了他一命。

这样的一头骡子，父亲绝不轻易让它跑掉。

在所有的家庭成员中，骡子最听母亲的话。接近它，我需要一个料兜子，父亲需要一把青草，母亲什么都不用。母亲只需将双手掬成一个碗的形状，骡子远远地看见了，就会走过来，然后在"空碗"里嗅嗅，就跟着母亲走。那些年，我最喜欢跟在母亲后面去找骡子，因为几乎不费吹灰之力。然而，有更多的事情等着母亲，一窝兔子、一头猪、几只羊、许多琐碎的家务，劈头盖脸地都丢给了母亲。在这样的繁杂面前，我的任务就显得简单而逍遥。

我只需找回跑掉的骡子。

一头骡子，找着找着就老了。我到外地上学后，它的脾气开始变了。或许，那个院子的神秘，它已经看透。也或许，一头老骡子，觉得再不练胆量，就没有了机会。还有一种可能，就是我走了，它没得可欺负了。总之，开始准时正点回家了。偶尔撒野跑出去，也是恍惚间看上了别人家的一头年轻的驴。

正如父亲骂的一样，这么老了，还不正经。

即便还需要去找，也不再是我，是母亲，是父亲，抑或是姐姐。后来我回到故乡，给父亲上坟，我扫视故乡的每一条山梁，看到的都是我找骡子留下的脚印，有好多浅浅的路，都是我用无数的喘息和惶恐磨出来的。

我以为骡子会在我家待一辈子，像院子里的一把铁锹、一把镰刀、一棵树，一直待下去，直待到跟我们一样老去，甚至还会待到地老天荒。我已经忘记了它是另外的生命，忘了它也会有自己的命运。

骡子若是现在还活着，它该有多大岁数了呢，真是不好说。不过，它若活着，我家的院子里，锈迹斑斑的镰刀，倚墙喘息的犁杖，多年无话的碌碡，以及故乡所有的风尘，一定都会为它惊讶。

当然，也包括我。它一定跑在了时光深处，我已经永远无法追上它了。

简单不是退回到原始，
而是在前进中找到彼此的适应。

山河故人

我从小就没了爷爷。

有一年，在奶奶家的长条炕上，我问了父亲一个极为严肃的问题。

“大，你大大，我该叫甚了？”

需要说明的是，我们那边的人，管父亲叫“大”或“大大”。其时，天气开始转暖，父亲正在给我换开裆裤。他顿了一下，然后一巴掌拍在我屁股蛋子上，说：“傻！叫爷爷。”

我哭了，“爷爷”两个字没有喊出来。

父亲娶了同村的母亲。然后，在故乡的村庄里，我就有了很多很多的亲戚：姥姥、姥爷、奶奶、大伯、叔叔、舅舅，以及各种七大姑八大姨。但穷人家的亲戚，好像彼此间显得都不太亲。我放学后，还是没有能去的地方，只好悻悻回家。

穷，会让人孤独。

奶奶大约很不喜欢我。有一次，我误闯到她家的西屋子。那是一间闲屋子，里边放着些杂七杂八的东西。我好奇地看着这一切，她随后很快就跟进来，厉声呵斥："眼跟鸡屁股似的，想干什么！"

奶奶裹着小脚，样子形销骨立。她乜斜着我，像防贼一样防着。虽然她人已经故去了，但这句恶毒的话，隔着几十年的烟尘过来，依旧透着阵阵寒意。于是，我便赶紧从屋子里退出来。

那时候，我已经小学几年级了，心中有了爱憎。

打小印象中，奶奶家总会坐一屋子人，大抵是些老头儿和老婆婆，间或会有一些年轻人。他们围坐在一起，玩一种纸牌。那种纸牌比一指稍宽，细长，上面的内容类似麻将牌。我很好奇，他们成年累月地聚在一起，盘着腿，弯着腰，盯着自家的牌，还要偷看几眼别人家的牌，太阳东升西落，日子春夏秋冬，天气阴晴雨雪，他们就这样玩啊玩的，居然没有一个人喊累。

那些年，一些硬币和小额的纸币，在他们之间聚聚散散。有一次，奶奶好像赢了两块多钱，这在当时可是一笔巨款，她激动得有些气喘。她把这两块钱的纸币和硬币，按面额大小紧紧地裹在一起，掖在炕沿的毡条下面，吃饭的时候，也不忘掀起来看看。

奶奶是个刻薄的人。母亲嫁到我们家，没有得到过多少好脸色。分家的时候，非但没分到什么，反而还分到了很多账。母亲决计分出去另过，就这样，在离奶奶家不远的土坡上，家里勉强盖起了三间房。后来，母亲生了我。那会儿，父亲在生产队里做事，也没空管我和母亲。于是，母亲在月子里就落下很多病根。对于寡居的奶奶来说，玩纸牌就是她生命的全部。她才不管哪个孙子来到了这个世界，又将如何长大。

我小时候羸弱，总是走到哪儿睡到哪儿。邻里乡亲觉得我可怜，总会把我背回家。有一次，我又睡到了奶奶家对过的坡道上。一起玩牌的人，从窗户看到了，就给奶奶努嘴，大约是说，看，你家的孙子又睡着了，你不去看看去？奶奶微微抬抬眼皮，朝那个人轻轻扬一下头，大意是说，玩你的，别管闲事了。

于是，放学后我喜欢往姥姥家去。姥姥疼我，总是把中午吃剩的窝头或小米饭给我吃。姥爷是村里的兽医，会给牛马看病，是个能耐人。姥姥那些年，总是“瞭”着姥爷。姥爷每每出去，她就总会站在自家的草垛上或牲口棚顶上，看着姥爷要往哪里去。有时候，她还会叮嘱我，说，你快去跟着你姥爷，他往河湾地里去了，你看看他干什么呢。

一个小屁孩，根本不懂大人们的事。姥姥为什么天天要“瞭”着姥爷呢？我当时只是觉得姥姥活得疑神疑鬼的。有时候，姥姥和姥爷吵架，姥爷厉害，三句两句就骂得姥姥不作声了。

然后，姥爷扔下一句：我想去哪儿就去哪儿，你——们——谁也别管！

其实，哪有“们”呢。全世界只有姥姥一个人操心姥爷的事。我有时候跟着跟着姥爷，就一个人跑着去玩了。把蚂蚁窝口堵上，看匆匆拉着昆虫尸体的两只蚂蚁，找不着家门的慌急模样。或者躺在地上，看白云从树叶的缝隙间飘过，一群鸟扑棱棱飞起，从这条沙沟飞向另一条沙沟。

正好，姥爷从沙沟走出来。

“大中午，你在这里干什么？”姥爷很好奇。

“我，我是……”我没敢交代这是姥姥给我的任务，就随便编了一句话，“我跟小伙伴们一起出来玩，我找不见他们了。”

“大中午的，赶紧回家吧，小心狼吃了你。”姥爷的大手拉着我的小手，开始往村庄的方向走。姥爷一句话也不说，只是拉着我往前走。姥爷的手上有很多的老茧子，硬而粗糙，跟他走在乡间的路上，觉得很温暖。

我不明白，姥姥为什么要这么监视着姥爷。

二舅比我大三岁，姥姥和姥爷都很宠他。他放学后，回到家里，吃窝头要沾着麻油吃。即便是吃小米饭，也要倒点麻油拌着吃。每次吃过，嘴上都要有个油圈圈。他每次吃，我都盯着看。姥姥在一边就说，别自个儿吃，也给你外甥吃点。二舅仿佛没听见一样，还是兀自吃他的。我也听话，也觉得这样好吃的东西，合该是二舅才能吃的。毕竟，二舅是姥姥和姥爷的儿子，而我，不过是外孙。

那时，我没觉得自己可怜。只觉得，二舅是世界上最幸福的人。

成年后，二舅在婚姻上颇多挫折和坎坷，后来干脆就不再娶了，一年四季出去打工。然后，过年时候，孑然一身回来，在某个姐姐家过个年，正月十六一过，就又出去打工了。他到过山西、内蒙古、北京，挖过煤，当过建筑小工，见过生死。现在依然是孤孤单单一个人。有时候，年根底也不再回来了。电话问及，说，正好干活的地儿缺少一个看大门的，就在这边过了。

有时候，二舅喝得醉醺醺的，就逐个给亲人们打电话。每每挂掉电话，母亲都要重重地“唉”一声。二舅，已经成了母亲晚年的心灵重负。

姥姥病重的时候，总是念及我，问我什么能回来。其时，我在一所中学读初中，姥姥总是引以为荣，说她的外孙有出息。也许是某种心灵感应，一个周末，我从三十里外的学校回来，姥姥都快不行了，母亲跟她说我回来了，她还能含混地应

一声，眉间舒展一下，大概是表示终于等到了我。

母亲哭得鼻子一把泪一把的，有时候顾不上擦拭，就直接甩出去。有一次，甩在了纸窗上。二舅就唠叨母亲，二姐，你看你把鼻子甩在什么地方了？！母亲依然不管不顾，哭得一塌糊涂。二舅不高兴，一摔门，走了。

就在那个晚上，姥姥去世了。我和母亲第二天早上过去，正赶上姥姥入殓。母亲痛苦万分，紧抓着姥姥的小脚不放。我惊在那里，不知道如何是好。母亲说，你姥姥那么疼你，你哭呀。我才号啕大哭。

就在那一天，我便又回到了学校。走在山梁上，回望村庄，突然感觉到村庄空空的。一个亲人，差不多是祖辈中最疼我的亲人，就这样没了。临走的时候，母亲仓促间在我的臂膊上挽了块白布，几次歇息的间隙，我都要把那块白布解下来，看了又看。一块白布，居然能够连着人的死生。

一个生命说没了就没了。哪怕，是最亲的亲人。

父亲后来做了木匠，他会打家具，也会盖房子。父亲是个善动脑子的人，我亲见父亲镂空雕出家具的花纹来，精致，巧妙，惟妙惟肖。家里有一间小屋，专门盛放着他的工具，锛子、刨子、锯子、墨线盒、三角尺，我从小就谙熟这些工具的使用方法。

那时候，父亲出去为别人家干一天活，除了管饭，工钱是两块钱，还会给一盒官厅烟。

但父亲舍不得抽，就把烟一盒一盒地放在柜里，攒着，等到年下的时候，招待亲戚朋友。为此，家里颇为殷实地过了几年。所谓殷实，也不过是比别人家不那么拮据了。父亲聪明，能断事。邻里乡亲有个大事小情，都喜欢找他来说说，或者让他帮着出出主意。而事情的结果，也常常正如父亲所料。于是，愈发就有人来找他，往往进门寒暄不了几句，就直奔主题：三叔，有这么个事，你看看该咋办？

父亲在家行三。上有两个哥哥，一个很小就殇了，下有两个弟弟，还有姐姐和妹妹。按说，这是个大家庭。但是，后来在我家最困难的时候，并没有感受到大家庭给予的温暖，相反，还给父亲带来过深深的伤害。

若干年后，我写字，著书，能对人心人性略有皮毛的揣测，大概得益于父亲。我那时候很崇拜父亲，家里总有那么多人来求他，在这样的热闹中，心底洋溢着说不尽的骄傲和自豪。

父母持家最大的特点是勤俭。母亲常说，省下的就是挣下的。及至现在，母亲在灶火塘点火做饭，还舍不得划燃一根火柴。她仍要取几个玉米叶或其他干柴火，先在炉子那里引着了，再去点灶火的火。现在，我每见母亲重复这个动作就笑，她见我在看她，也就讪讪地说：“唉，这么多年，惯下毛病了，改不了。”

有些笑，是无声的哭。

是啊，穷人去哪里挣钱啊，穷人的钱都挣得很艰难。有一年，大队雇人拆洗队里的被褥。那些被褥都不能用脏来形容，只能叫肮脏。因为大家都清楚，被褥被什么人用过，又是怎么用的，其中的污浊自不必言。一村人，谁也不愿去。然而，母亲却去了。

我觉得十分丢人，就和母亲吵了起来。我哭，母亲也哭。母亲说，家里没钱，怎么办？不供你上学了？不给你大看病了？我说，就是穷，也不去干那么丢人现眼的事。母亲看着我圆睁两眼，居高临下的样子，只说了一句：

“儿啊，这个家你来当试试……”

其时，父亲已经患病，而我还在读高中，家中里里外外就母亲一个人操持着。

父亲的病，是家里的五间土坯房翻盖成砖房得的。房盖成了，病也重了。及至现在，我依旧感恩于我的姐夫，就是他，在父亲患病期间，一个人带着父亲在各个医院之间辗转，既要伺候父亲，还得遭受医护人员的白眼。即便这样艰难，他也没有撇下父亲，或者到学校把我叫回来。

父亲说，麻绳尽在细处断。翻盖房几乎花尽了家里所有的积蓄，就在这时，父亲突然患了病，而我读高中，是否考得上尚无眉目，家里开始债台高筑。

有一次，母亲到一户人家去借钱。见母亲来，对方不说欢迎也不说不欢迎，只是脸沉着。母亲赔着笑脸，先绕着说了好多不相干的话，临末，才惴惴道出借钱的意思。对方依然是冷面，说，我家钱也紧，没钱借给你们。话又说回来，真的借给你们，你们拿什么还啊！

母亲只好含笑告别。刚出那家院门，便失声痛哭。

他们以为，穷人会一辈子穷下去。那些年，母亲是怎么过来的，其中的艰难、挣扎和绝望，也只有天地神明可见。

我有时候想，如果所有的亲戚们都帮一点儿，窘境也许会好一些。但事实上是，有的亲戚唯恐避之而不及，生怕母亲找他们帮忙，或跟他们借钱。甚至，连句嘘寒问暖的话都不敢说，亲人就像路人。甚至，还不及路人。

最穷的时候，真的连买一袋盐一盒火柴的钱都没有。有一次家里没盐了，没钱去买，只好白水煮菜吃了一顿饭，吃饭的时候，一家人强忍着往下咽，谁也没说话。

但，泪都在心里。

奶奶去世的时候，为操办丧事，姑姑们和父亲打了一架。

原因是丧事期间主家的饭菜不好。其时，父亲已经患病。这些姐姐妹妹们丝毫不念及父亲的情况，依然闹得不可开交。为此，父亲生了很长一阵子气。

原本因为父亲闹病，亲戚们就走动得不多，这下正好，终于可以光面正大地不必来了。母亲和姐姐说，不来也好，省得看见了寒心。

为了挣钱，母亲到山上去挖药材。然后，用买药材换来的钱，给父亲买奶粉喝。父亲坚持在家里给母亲做饭。那时，他已然没了做饭的气力，但依旧挣扎着给母亲把饭做熟了。每干一点儿活，他都要在炕上休息好大一阵子才能缓过来。

父亲把输液小药瓶上的胶皮盖子一个个拆下来，一大堆，颜色有红的，有黑的。他琢磨着拿这些胶皮盖，为母亲做了一个搓衣板。父亲去世之后很久，我才看到那块搓衣板。看到之后，便号啕大哭。

父亲在那块板上，竟然用不同颜色的盖子，拼出一个大大的“福”字。

当父亲用小钉子，把一个个瓶盖钉在木板上的时候，一定满怀着深情和希望，他希望他的后代儿孙能有福。为了这最后的祈祷和祝告，他用尽了生命的全部。

父亲还是熬到了我考上大学。

这个喜讯让他的身体奇迹般地好了一阵子。他也有力气到大队部门前站着了，村人纷纷道贺。大家都说，你看家里这些年也没白苦哈哈的，总算把小子给供出来了。父亲虽然极谦恭地赔笑，但能明显感受到他心底的扬眉吐气。

父亲的饭量也一下子大起来了。母亲一度认为，父亲是不是要好了，她也喜不自胜。一家人忙里忙外地为我准备上学的东西。

父亲说："过两天就要中秋节了，我们一家人可以好好过个节了。"我说："不行，我得去同学家，因为节后就要开学了，我要跟同学一块去。"

父亲欢喜的脸，一下子黯淡了下来。

"你晚去找同学不可以吗？哪怕八月十六走也可以。"

"不行，我必须提前去。"

那时，我憧憬着赶紧去上大学，根本无暇顾及父亲的感受。

父亲送我的那个上午，脸色黑黑的，一路一句话也没有说。他原本是要把我送到乡里去的，结果在前面的一个村庄便喝住了骡子车，说："你在这儿下去吧。"我不知道父亲是怎么啦，看得出来，他的心情很不好。我懵懂地跳下车，父亲吆喝着骡子，拐过路口那个弯，头也不回地就走了。

我哪里会想到，父亲是想跟我过最后一个中秋节。然而，年少无知的我，居然心心念念都在同学那里，都在上学那里，何曾在心底里留意过父亲的意图——他或许预感不妙，想一家人再最后团圆一次。

那年冬天，塞北，极冷。父亲最后的日子，我陪在身边。父子谈话中，重又言及此事，父亲长时间沉默着，没说一句话，一颗清泪，从他瘦削的脸颊滑落下来。我也没说话，任泪水啪嗒啪嗒往下落，砸在棉衣上，洇湿大大的一片。

这也成了我人生中永久的悔恨。